Umwelthinweis: Gedruckt auf chlorfrei gebleichtem Papier

Herausgeber: Polyglott-Redaktion
Autorin: Margarete Graf
Lektorat: Gabriele S. Hähnel
Art Direction: Illustration & Graphik Forster GmbH, Hamburg
Karten und Pläne: Annette Buchhaupt und Huber. Kartographie
Titeldesign-Konzept: V. Barl
Realisation: Studio Wolf Brannasky

Die Autorin dankt Michaela Schermer für Tips und Hinweise sowie Max Angermaier für freundlichen Zuspruch.

Ergänzende Anregungen, für die wir jederzeit dankbar sind, bitten wir zu richten an:
Polyglott-Verlag, Redaktion, Postfach 40 11 20, D-80711 München.
E-Mail: redaktion@polyglott.de oder PolyRed@AOL.com.

Surfen online mit Polyglott: http://www.polyglott.de und bei AOL unter dem Kennwort „Polyglott“.

Zeichenerklärung

- Information
- Flugverbindungen
- Eisenbahnverbindungen
- Busverbindungen
- Öffnungszeiten
- Telefonnummer
- Faxnummer
- Hotel
- $$$ über 800 öS (pro Person im Doppelzimmer)
- $$ 500–800 öS
- $ unter 500 öS
- Restaurant
- $$$ über 300 öS (für ein Hauptgericht)
- $$ 120–300 öS
- $ unter 120 öS

Routenpläne

- Route mit Routenziffer
- Autobahn, Schnellstraße
- sonstige Straßen, Wege
- Staatsgrenze, Landesgrenze
- National-, Naturparksgrenze

Stadtpläne

- Durchgangsstraße
- sonstige Straßen
- Fußgängerzone
- Fußweg

Komplett aktualisierte Auflage 1998/99

Redaktionsschluß: April 1998

Printed in Germany / II
ISBN 3-493-62733-5

Polyglott-Reiseführer

Tirol

Margarete Graf

Polyglott-Verlag München

Allgemeines

Städtebeschreibungen

Routen durch Tirol

Routen durch Tirol

Routen durch Tirol

Route 9

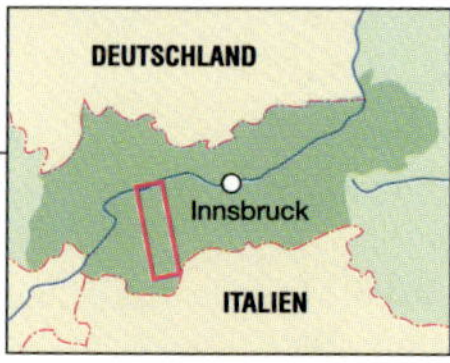

In die Gletscherwelt des Ötztals S. 76

Je tiefer man ins Ötztal eindringt, desto spektakulärer und einsamer wird die Landschaft. Die Route für Natur- und Wanderfreunde.

Route 10

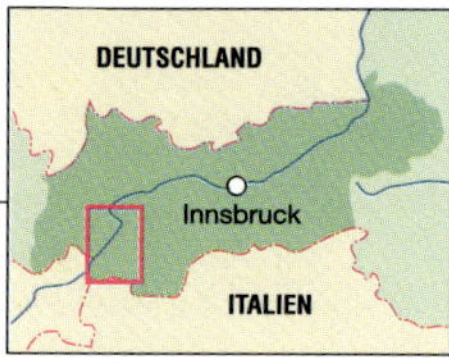

Ein Hauch von Süden: Vom Oberinntal zum Reschenpaß S. 80

Die Strecke entlang dem jungen Inn hinauf zum Reschenpaß ist eine der schönsten, die Tirol zu bieten hat.

Route 11

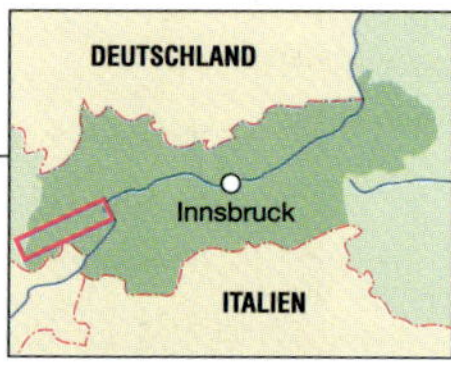

Im ruhigen Paznauntal S. 84

Beschaulich, ursprünglich, bäuerlich geprägt: so ist das Paznauntal – ideal zum Entspannen, Wandern und Die-Seele-baumeln-Lassen.

Route 12

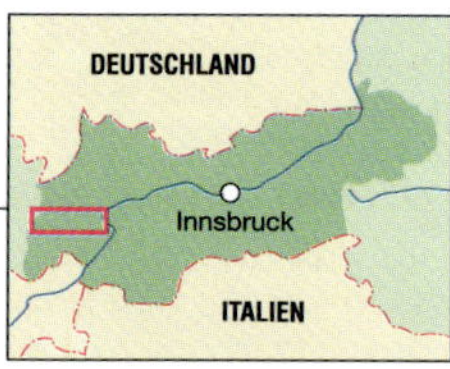

In die mondäne Welt: das Stanzertal S. 85

Die Tagesfahrt durch das Stanzertal endet bei den „Erfindern" des Skisports und des Einkehrschwungs in St. Anton.

Route 13

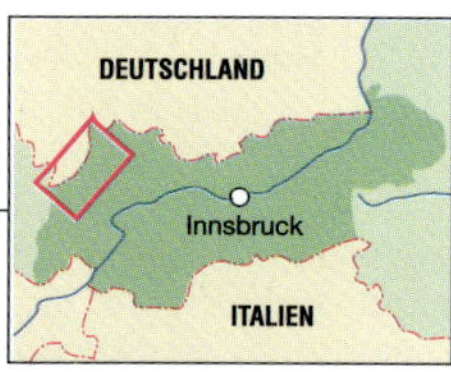

Lüftlmalerei am wilden Lech: Lechtal und Tannheimer Tal S. 88

Höhepunkte dieser Tour durch eine ursprüngliche Flußlandschaft sind die „Lüftlmalerorte" Elbigenalp und Holzgau.

Bildnachweis

Alle Bilder APA Publications/Annabel Eston außer: Archiv für Kunst und Geschichte 15/1; Bilderdienst Süddeutscher Verlag 79/1; A. Sperber 1, 21/2, 25/3, 29/3; T. Stankiewitz 9/1, 23/3, 23/4; W. Dietrich 71/2, 71/3; W. & H. Storto Umschlagbild; Bernd Ducke/Superbild Umschlag (Flagge).

Editorial

Eine Spielhahnfeder im Schattenriß, der halbnackte Torso eines jungen Burschen mit umgehängter Gletscherbrille – die Tiroler Touristikspezialisten können es sich leisten, mit ungewöhnlichen Motiven zu arbeiten. Denn das Bild des Alpenlandes steht in den Augen der Urlaubsreisenden ohnehin längst fest, und die Worte, die es zu seiner Beschreibung braucht, purzeln wie von selbst aus dem Mund: Grün sind die Almen, braun die geschnitzten Balkone und rot die Geranien darauf, die Menschen „bodenständig", „kernig", „urig".

Wer nach Tirol fährt, weiß also, was ihn erwartet, und die Tiroler sind darauf vorbereitet, halten die verlangten Requisiten bereit und haben, so scheint es manchmal, aus ihrem Land einen riesigen Freizeitpark gemacht.

Ein wohlfeiles Thema für Tourismuskritiker. Und tatsächlich stellt sich die Frage: Kann man denn überhaupt noch nach Tirol fahren, wenn dort schon alle anderen sind? Erträgt man die fünfte Trachtenkapelle, das hundertste Hotel im aufgebrezelten Lederhosenstil? Was zieht uns immer wieder in diese von Bergen umstellten Täler? Vielleicht ist es das Wissen, daß hinter der stets frisch lackierten Kulisse ein Land wartet, das zu erforschen sich lohnt. Freilich ist der Zugang nicht gratis: Man muß sich schon einmal vor Tau und Tag aufmachen und zu Fuß in die Wiesen und Wälder hinaufsteigen oder für einen Besuch in einer der stark frequentierten Städte einen Tag mit Nieselregen abwarten. Sogar das total zersiedelte Unterinntal entwickelt neuen Charme, wenn man es mit dem Pendlerzug entlangbummelt anstatt auf der Autobahn hindurchzudonnern. Mühe und Plage also und nicht ungehinderter Zugang? Das wäre nicht das schlechteste Rezept, um ein Land lieben zu lernen.

Panorama auf der Zillertaler Höhenstraße.

Urlaub in Balkonien? In Tirol von besonderem Reiz.

Kein Klischee: Allabendlich treibt er die Kühe in den Stall.

Die Autorin

Margarete Graf

Geboren 1953 in München. Studium der Anglistik und Slawistik in München und Bochum. Lebt und arbeitet heute als Verlagslektorin und Autorin in Köln. Buchpublikationen und Zeitschriftenartikel vor allem zu den Themen Wandern und Radfahren in Österreich und Belgien.

Land im Gebirg

Land im Gebirg – in fast 2000 Jahren hat man noch keinen treffenderen Namen für das Land zwischen Innsbruck und Arlberg gefunden. Die Berge sind es, die jährlich mehr als acht Millionen Besucher nach Tirol locken – sie können hier aus einem breiten Spektrum zwischen beschaulicher Sommerfrische und extremen Abenteuern wählen. Der Massentourismus hat Wohlstand, aber leider auch viele negative Begleiterscheinungen gebracht: Er prägt die Architektur der meisten Dörfer, Brauchtum und Tradition sind vielfach durch Pose und Kulisse verstellt, und je näher man diesem Land kommt, desto deutlicher zeigt es seine Wunden. Aber wenn man dann an einem schönen Frühsommertag vom Hof des Schlosses Tratzberg ins breite, grüngoldene Inntal schaut, durch die verwinkelte Altstadt von Innsbruck schlendert, wenn man unter einer der mächtigen Felswände steht, über die das Gletscherwasser in tausend glitzernden Rinnsalen herunterfällt, dann geht einem doch wieder das Herz auf vor der unzerstörbaren Schönheit dieses Landes.

Lage und Landschaft

Tirol umfaßt das Ober- und Unterinntal mit den einmündenden Tälern sowie einen Teil des Lechtals. Von seinen Nachbarn ist das im Zentrum des Alpenbogens gelegene Land nur über Pässe zu erreichen, von denen einige wegen ihrer geringen Höhe zu den bedeutendsten Übergängen der Alpen gehören. Außer im mittleren Teil des Inntals und im Bereich des unteren Zillertals ist Tirol an keiner Stelle eben, sondern besteht praktisch nur aus Gebirgsstöcken, die durch Talgründe oder schmale Furchen voneinander geschieden sind. Diese Bergmassive bauen sich im wesentlichen aus drei Gesteinsformationen auf. Im Norden, etwa vom Stanzertal bis zur Talfurche von Ellmau, erheben sich die zerklüfteten, wasserarmen Kalkalpen mit ihren steil abfallenden Felswänden und den mächtigen Schuttkaren zu ihren Füßen: Allgäuer und Lechtaler Alpen, Wetterstein, die Mieminger Kette, Karwendel, Rofan und Kaisergebirge. Die Tuxer, Zillertaler und Kitzbüheler Alpen mit ihren breiten grasigen Rücken gehören der Schiefer- oder Grauwackenzone an, und im Süden steigen die aus harten, wasserundurchlässigen Gneisen und Graniten aufgebauten, teils vergletscherten Berge der Ötztaler und Stubaier Alpen, Verwall- und Samnaungruppe auf, die wie die Massive im Südosten bereits Teil der Zentralalpen sind.

Von diesem gebirgigen Land ist aufgrund seiner Höhe und Unzugänglichkeit ein volles Drittel unbebaubar, andere Flächen sind nur für die Holzwirtschaft oder als Weideland geeignet oder stets in Gefahr, von Lawinen und Wildbächen verwüstet zu werden. Für eine dauerhafte Besiedelung bleibt schließlich kaum mehr ein Siebtel der Gesamtfläche übrig.

Klima und Reisezeit

Tirol liegt im Einflußbereich des alpinen Klimas, d. h. der Winter ist zur Freude der Skifahrer lang, kalt und schnee-

Steckbrief

Fläche	12 647 km²
Einwohner	630 000
Innsbruck	128 000
Kufstein	14 500
Hall	13 000
Schwaz	12 000
Bevölkerungsdichte	50 Einw./km²
Beschäftigte	
Land- und Forstwirtschaft	5 %
Industrie und Gewerbe	39 %
Dienstleistungssektor	59 %

reich, der Frühling feucht, kühl und wenig beständig, selbst Mai und Juni können noch plötzliche Temperaturstürze bringen. Der Sommer gestaltet sich kurz und oft regnerisch, die sengende Hitze, die an manchen Tagen herrscht, kann sich abends in einem plötzlichen Gewitter mit darauffolgendem jähen Wetterumschwung entladen. Am freundlichsten und beständigsten gibt sich der Herbst, der sich daher auch für Bergwanderungen am besten eignet.

Natur und Umwelt

„Das grüne Herz der Alpen" heißt Tirol werbewirksam in den Katalogen der Fremdenverkehrsämter, und in der Tat ist ein gutes Drittel seiner Fläche mit Wald bedeckt, in der Regel Nadelwald, bestehend aus Fichten, Tannen, Lärchen, Kiefern und Zirben. Allerdings haben vor allem die schnellwachsenden Fichten, die seit einigen Jahrzehnten vielerorts für die Aufforstung genutzt werden, eine ungesunde, für Krankheiten, Windbruch und großflächiges Waldsterben besonders anfällige Monokultur hervorgebracht.

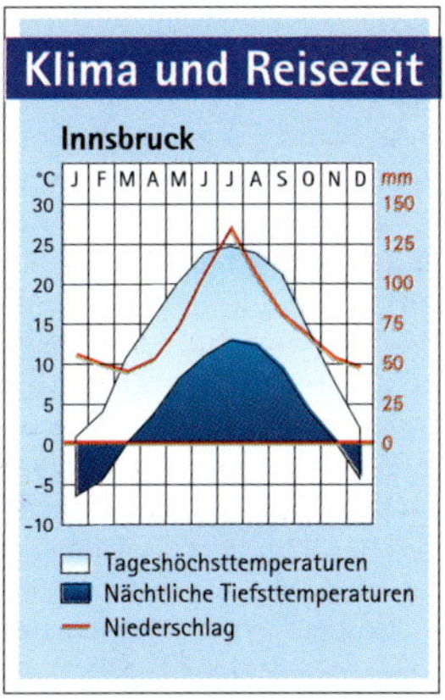

Bis in eine Höhe von etwa 1400 m wächst bevorzugt die Buche im Verein mit Lärchen und Fichten, die zusammen den als Schutz vor Lawinen und Bergrutschen so wichtigen Bannwald bilden. Leider ist jedoch festzustellen, daß an vielen Orten der Wald immer dünner wird. Daran ist nicht nur das auch in Tirol fortschreitende Waldsterben schuld, sondern auch unsachgemäßer, planloser Einschlag, vor allem dort, wo sich viele Besitzer ein Waldgebiet teilen. Je weiter man aus den Tälern in die Berge hinaufkommt, desto kleiner und krummer werden die Gewächse, harzduftende Latschen und Zwergbirken bilden den Gürtel zwischen dem Wald und der Rasen- und Mattenzone, wo nur noch Heidelbeere, Preiselbeere, Alpenrose und Erika wachsen.

Selbst im Inntal kann man solch einen Winter erleben.

Der Wildreichtum Tirols ist zwar nicht mehr so groß wie zu Kaiser Maximilians Zeiten, doch Hirsch, Reh und Gemse, auch das scheue Murmeltier sind hier nach wie vor heimisch.

Wenn man Glück hat, kann man sogar den Steinadler beobachten. Nahezu ausgerottet wurde der Steinbock, vor allem deshalb, weil seinen Eingeweiden, Hufen und Hörnern bis weit über das Mittelalter hinaus eine wunderbare Heilkraft zugesprochen wurde. 1953 wurde im Kaunertal wieder eine Gruppe Steinböcke angesiedelt, die inzwischen auf stolze 400 Tiere angewachsen ist.

Bevölkerung

Daß die Tiroler den Bayern wesensverwandter erscheinen als z. B. den Wienern, ist kein Zufall, bedenkt man die lange gemeinsame Geschichte dieser beiden Völker. Schon im 6. Jh. n. Chr. waren die Bajuwaren nach Tirol eingedrungen und hatten den dort ansässigen Rätoromanen ihre Sprache aufgedrängt.

Im Westen des Landes, im Außerfern, hat eine ähnlich Entwicklung stattgefunden, nur waren es hier die Aleman-

Mit starkem Herz und festem Mut

Wenn die Tiroler Schützen am Fronleichnamstag in ihren bestickten Lederhosen und rot-grünen Wämsern, die Spielhahnfeder auf dem Filzhut, durch das Dorf schreiten, dann bieten sie in erster Linie ein prächtiges Bild und dankbares Fotomotiv, wenn es auch manch einem friedliebenden Urlauber etwas beklommen zumute wird angesichts von soviel Stolz und Waffenglanz. Für die Tiroler aber verbindet sich mit den Schützenkompanien die Erinnerung an ihre jahrhundertelange Selbständigkeit in Fragen der Landesverteidigung. Schon 1511 verpflichtete Kaiser Maximilian I. die Bewohner Tirols darauf, ihr Land in eigener Regie vor Angreifern zu schützen, wie sie es zuvor, als Tirol noch ein unabhängiges Herzogtum war, auch getan hatten. Im Gegenzug erhielten sie die Garantie, niemals außerhalb der Grenzen ihres Landes und für eine andere Macht zum Kriegsdienst verpflichtet zu werden. Darauf gab er ihnen Brief und Siegel: das vielbeschworene „Landlibell", das spätere Landesherren immer wieder bestätigten. So gingen die Tiroler daran, in jeder Gemeinde aus den wehrfähigen Männern eine Kompanie aufzustellen, wählten aus ihrer Mitte den Hauptmann und die Offiziere und übten sich im wehrhaften Handeln. Zum Einsatz kamen sie über die Jahrhunderte oft genug, denn vor allem die Bayern im Norden und die Graubündener im Westen waren unruhige Nachbarn. Die Freiheitskämpfer unter der Führung von Andreas Hofer (s. S. 15) erzürnten sich vor allem darüber, daß die bayerischen Herrscher das Landlibell außer Kraft setzen wollten, um die Schützen zu zwingen, auf der Seite der Franzosen gegen Österreich in den Krieg zu ziehen.

Erst im Ersten Weltkrieg mußten sich die Tiroler außerhalb der Landesgrenzen schlagen, in Galizien und Bosnien, wohin sämtliche Regimenter beordert wurden. Dabei war doch auch das eigene Land bedroht! Italien wechselte 1915 die Seiten und schickte sich an, die Grenzen Tirols zu überschreiten. Da sammelten sich die „Standschützen", die ganz Jungen und die für den Kriegsdienst zu Alten, und hielten die Hochgebirgslinie vom Stilfser Joch bis Sexten über fünf Monate lang bis zum Eintreffen regulärer Truppen.

Heute gibt es in etwa 180 Tiroler Gemeinden Schützenkompanien, die sich allerdings nur noch der Abgabe von Böllerschüssen und der Trachtenpflege widmen. Doch wie früher haben sie tief im Innern das Gefühl, daß sie – käme es darauf an – ihr Land mit starkem Herzen, festem Mut und einer Flinte verteidigen könnten.

nen, die dem Land ihren Stempel aufdrückten. Anderen Einflüssen haben sich die Tiroler erfolgreicher verschlossen: Sie waren und sind bis heute in überwiegender Mehrheit, nämlich zu weit über 90 %, katholisch.

Brauchtum

Wie fast überall im Alpenraum entstammen die meisten Bräuche des Tiroler Jahreskreises vorchristlichen Kulten, die dem Christentum oft nur mühsam angepaßt wurden. Das trifft vor allem für die in vielen Orten stattfindenden Faschingsbräuche mit seit Jahrhunderten feststehenden Figuren und Formen zu, bei denen kunstvoll geschnitzte Masken und phantasievolle Gewänder sowie bestimmte Tänze oder Wettkämpfe eine Rolle spielen.

Beim *Nassereither Schellerlaufen* etwa zieht zunächst ein prächtiger Festzug durch den Ort, der von den „Kehrern“ eröffnet wird. Sie fegen den nachfolgenden „Schellern“, „Rollern“ und „Majen“ mit ihren lieblichen Masken und reich mit Spiegeln, Blumen, Federn und Flitter besetzten Kronen den Weg frei. Höhepunkt des Festes ist der Kampf des „Bärentreibers“ mit dem „Bären“, der traditionsgemäß mit dem Sieg des Tieres endet. Erst jetzt, so der Sinn des Kampfes, kann die Erde aus ihrem Winterschlaf erwachen. Andere, ähnlich symbolhaltige Umzüge sind das *Telfser Schleicherlaufen*, das *Schemenlaufen in Imst*, das *Wampelerreiten in Axams* oder das *Mullerlaufen in Thaur* (s. S. 18).

Die alten Geister sind, wenngleich den Menschen unbewußt, auch zu anderen Jahreszeiten gegenwärtig. Im Frühjahr beim *Grasausläuten* etwa, wenn die Buben mit einer großen Glocke über die Felder gehen, um die Erde nach dem langen Winter aufzuwecken, oder um die Weihnachtszeit, wenn die „Perchten“ mit ihren grauslichen Masken und zottigen Gewändern vor allem im Unterinntal die Höfe heimsuchen, um das Böse auszutreiben.

Behender Kletterer auf nacktem Fels.

Folklore mit ernstem Hintergrund: zwei Tiroler Schützen.

Maske vom Nassereither Schellerlaufen.

Viele dieser Bräuche ziehen heute Touristenscharen an und sind zum Spektakel verkommen, vor allem dort, wo nur noch Versatzstücke alter Riten aneinandergereiht werden.

Wirtschaft

Jahrhundertelang haben die Tiroler von den Schätzen ihres Landes gelebt, und das hat sich bis heute kaum geändert. Allerdings spielt der einst so lukrative Bergbau gegenwärtig kaum mehr eine Rolle, nur noch Magnesit wird bei Hochfilzen abgebaut. Der Waldreichtum des Landes füllt die Taschen der Holzverarbeitungsindustrie von Kufstein, Wörgl und St. Johann, Steine und Erden werden in der Zementfabrik Eiberg in Schwoich verarbeitet.

Der Wasserreichtum läßt die Energiewirtschaft blühen, Kraftwerke in Imst, Sellrain-Silz, Kaunertal-Prutz, Mayrhofen, Gerlos und Roßhag produzieren Strom für den heimischen Gebrauch und für den Export. Immer mehr Bedeutung erlangt die chemische Industrie mit Werken in Landeck und Kundl. Die Wirtschaftskraft des Unterinntals hat auch Betriebe wie optische Werke (Absam), Glashersteller (Wattens, Brixlegg) und Motorenwerke (Jenbach) hervorgebracht. Eine auf den ersten Blick erstaunlich geringe Rolle spielt die Landwirtschaft, die sich vor allem auf die Vieh- und Milchwirtschaft konzentriert.

Einer der bedeutendsten Erwerbszweige ist dagegen der Tourismus. Mit jährlich durchschnittlich 71 Übernachtungen pro Einwohner ist Tirol das meistbesuchte Bundesland Österreichs.

Verkehr

An Tirol kommt keiner vorbei – vor allem nicht der Verkehr von Nord- nach Südeuropa. So hat allein die Brenner-Autobahn ca. 85 % des gesamten Straßengütertransits durch Österreich zu bewältigen, zusammen mit den Pkw ergibt das einen Tagesdurchschnitt von ca. 105 000 Fahrzeugen. Was das für das Land und seine Menschen bedeutet, kann man sich kaum vorstellen: Permanenter Lärm in den Tälern, durch die die Transitstrecken verlaufen, vom Salz der stets schneefrei gehaltenen Autobahnen verstümmelte Bäume an den Rändern, ozongeschädigte Nadelbäume in den höhergelegenen Regionen. Kein Wunder, daß die Menschen in den Tälern zunehmend rebellisch werden und energische Maßnahmen zur Einschränkung dieser Plage fordern. Doch eine zufriedenstellende Lösung ist noch lange nicht in Sicht. Streng kontrollierte Tempolimits und Gewichtsbeschränkungen für Schwerlaster können nur erste Schritte sein. Seit Jahren wird über eine neue Trassenführung im Inntal diskutiert, die den Verkehr von der näheren Umgebung der Ortschaften fernhält und weitgehend unter die Erde verbannt. Untertunnelung scheint auch die einzige Lösung für die Brenner-Autobahn oder die Strecke München–Innsbruck zu sein, will man nicht endlich ernsthaft Maßnahmen ergreifen, den Güterverkehr europaweit zu Einschränkungen zu zwingen. Doch noch ist kein einziger Spatenstich getan, und die Beflissenheit der Tiroler Landesregierung, für eine reibungslose Abwicklung des Transitverkehrs zu sorgen, spricht nicht dafür, daß das Problem in nächster Zeit energisch angepackt wird.

Politik und Verwaltung

Tirol ist eines von neun österreichischen Bundesländern. Die gesetzgebende Körperschaft ist der vom Volk gewählte Landtag, der seinerseits die Landesregierung wählt, bestehend aus dem Landeshauptmann, seinem Stellvertreter und den Landesräten. Ein gewisses Problem besteht darin, daß die beiden Landesteile Nordtirol und Osttirol keine direkte Verbindung besitzen; man kann nach Osttirol nur über Salzburg, Kärnten oder Südtirol einreisen. So ergeben sich im täglichen Leben nur selten Berührungs-, aber auch kaum Reibungspunkte.

Geschichte im Überblick

Vorgeschichte Die ältesten Spuren menschlicher Besiedlung in Tirol hat man in der Tischoferhöhle im Kaisergebirge entdeckt. Die Funde lassen sich bis in die Jüngere Altsteinzeit vor ca. 30 000 Jahren zurückverfolgen. Gerätschaften und Schmuckstücke aus der frühen Bronzezeit (2000–800 v. Chr.) belegen nicht nur die lange Geschichte des Kupferbergbaus, sondern auch die Bewirtschaftung von Almen sowie die Begehung der Alpenpässe. Ab dem 3. Jh. v. Chr. legen keltische Räter Wallburgen an.

15 v. Chr. Römische Legionen besetzen das Gebiet des heutigen Tirol. Die Region wird den Provinzen Noricum und Raetien zugeschlagen.

ab 550 Die Bajuwaren dringen in das von Rätoromanen bewohnte Gebiet ein. Sie roden Land, legen neue Siedlungen an und vermischen sich allmählich mit den Alteingesessenen.

um 1000 Das Gebiet des heutigen Tirol ist in vier Grafschaften unterteilt, von denen drei zum Herzogtum Bayern gehören. Das Wipptal und das Eisacktal werden von den Bischöfen von Brixen verwaltet, die den deutschen Kaisern den Weg nach Rom freihalten sollen.

1258–1295 Graf Meinhard II. von Görz-Tirol wird Landesherr. Durch Heirat, Erbe und Kauf kommt er in den Besitz vieler Landesteile. Als erster gebraucht er für die Region den Namen „Tirol".

1335 Meinhards Enkelin Margarethe Maultasch wird Herzogin von Tirol. Nachdem ihr erster Mann, Johann von Luxemburg, 1342 mit ihrer Unterstützung von den Tiroler Adeligen vertrieben wird, heiratet sie den Wittelsbacher Ludwig von Brandenburg. Er muß den Fürsten und den

Vor allem das Wipptal und das Inntal haben unter dem Transitverkehr schwer zu leiden. Trassen und Brücken wie die Europabrücke durchschneiden die Täler.

Exponate aus Tirols Vergangenheit zeigt das Landesmuseum Ferdinandeum in Innsbruck.

Landständen in einem „Freiheitsbrief" weitgehende Rechte einräumen.

1363 Margarethe überlebt ihre Nachkommen und tritt das Land an die Habsburger ab. Fortan gehört Tirol zu Österreich.

1406 Der Habsburgerherzog Friedrich wird der erste bedeutende Landesfürst Tirols. Auf dem Konzil zu Konstanz stellt er sich gegen Kaiser Sigmund, der ihn mit Reichsacht belegt und seine Güter konfisziert. Friedrich flieht nach Tirol, wo er sich verborgen hält, bis der Bann 1418 aufgehoben wird. Aus dieser Zeit trägt er den Beinamen „mit der leeren Tasche", den er trotz erfolgreicher Regierung nicht mehr loswird.

1446 Friedrichs Sohn, Sigmund „der Münzreiche", tritt die Nachfolge an. Unter seiner Herrschaft erfährt der Silberbergbau in Schwaz seine erste Blütezeit, die Münze in Hall wird eingerichtet. Doch die wahren Herren sind die reichen Handelsgeschlechter, vor allem die Fugger, denen der verschwenderische Herzog die Einnahmen aus den Bergwerken verpfändet hat.

1490 Die Landstände zwingen Sigmund, zugunsten seines Neffen Maximilian abzudanken.

1511 Mit dem „Landlibell" verpflichtet Maximilian I. die Tiroler, ihre Heimat selbst zu verteidigen; im Gegenzug erhalten sie die Garantie, niemals außerhalb der Grenzen ihres Landes zum Kriegsdienst verpflichtet zu werden.

1525/26 Die Tiroler Bauern stehen gegen die Adeligen auf, die trotz Hungersnot, Kriegsschäden und Naturkatastrophen immer mehr Abgaben fordern. Der Bauernführer Michael Gaismair entwirft eine „Landordnung", die viel reformatorisches Gedankengut enthält. Der Aufstand wird blutig niedergeschlagen.

1665 Der letzte Tiroler Erzherzog stirbt kinderlos. Tirol wird nun direkt von Wien aus regiert.

1703 Im Verlauf des Spanischen Erbfolgekrieges marschiert der bayerische Kurfürst Max Emanuel in Tirol ein. Die Tiroler Schützen können ihr Land erfolgreich verteidigen.

1805–1809 Während der Napoleonischen Kriegszüge fällt Tirol an Bayern, das eine Reihe von Reformen einführt, die im Volk auf erbitterten Widerstand stoßen. Als die Bayern das „Landlibell" aufheben und die Tiroler in den Krieg gegen die Habsburger schicken wollen, kommt es 1809 unter der Führung von Andreas Hofer zum Aufstand gegen Bayern und Franzosen. Überrascht von der Schlagkraft der Landschützen verlieren die Besatzer hintereinander drei Schlachten am Bergisel bei Innsbruck. Das Land ist befreit, doch inzwischen ist das Habsburgerreich von Napoleon besiegt und der Kaiser gezwungen worden, die Ansprüche auf Tirol aufzugeben. Die siegreichen Bauern fühlen sich verraten. Ein letztes Mal ruft Andreas Hofer auf, sich am Bergisel zur Schlacht zu stellen. Sie endet mit einer Niederlage, er und seine Getreuen müssen fliehen. Am 20. Februar 1810 wird Hofer in Mantua hingerichtet.

1815 Der Wiener Kongreß vereint Tirol wieder mit Österreich.

1867 Einweihung der Brennerstrecke.

1915–1918 Italien tritt in den Ersten Weltkrieg ein, nachdem es von den Entente-Mächten die Zusicherung erhalten hat, sein Territorium bis zum Brenner ausdehnen zu dürfen. Im Friedensvertrag von St-Germain wird Südtirol an Italien angegliedert und die jahrhundertealte staatliche Einheit Tirols zerschlagen.

1938 „Anschluß" Österreichs an Deutschland.

1964 und **1976** Olympische Winterspiele in Innsbruck.

1991 Im Ötztal wird die Leiche eines bronzezeitlichen Jägers gefunden.

Mythos Andreas Hofer

Fast 200 Jahre nach seiner Hinrichtung ist Andreas Hofer noch immer Tirols Nationalheld Nr. 1. In ihm sehen die Tiroler gern die Verkörperung ihrer Tugenden: Mut, Glaubensstärke und Treue bis in den Tod. In drei siegreiche Schlachten führte er seine Landsleute, doch nicht, ohne sich und seine Kompanie zuvor der Gottesmutter zu weihen. Er gebrauchte keine großen Worte. „Mander, s'isch Zeit", so lautete sein Aufruf zur Sammlung der Schützen. Die bis an die Grenzen der Naivität reichende Geradlinigkeit des Gastwirts aus dem Passeiertal mit dem schwarzen Bart trug viel zu der Verehrung bei, die er genoß: nicht nur unter den Tirolern übrigens, sondern bald auch in den fortschrittlichen Kreisen ganz Europas, die für den Befreiungskampf des Gebirgsvolks große Sympathie hegten.

Schon damals aber wurde der Aufstand oft zu einseitig gesehen. Denn in den Schlachten, in die Hofer die Tiroler Bauern führte, ging es zwar primär um die Verteidigung der Freiheit gegen Franzosen und Bayern, gleichzeitig lehnte man sich aber gegen Reformen auf, die die Besatzer eingeführt hatten: Impfungen und medizinische Versorgung durch ausgebildete Ärzte, die Verstaatlichung von Justiz und Finanzwesen, die Aufhebung der Wegezölle etc. – Reformen also, die das eher rückständige Gebirgsland für die Herausforderungen des 19. Jhs. rüsten sollten.

Freilich verboten die vom antiklerikalen Geist der Französischen Revolution geprägten Franzosen auch eine Reihe von althergebrachten christlichen Bräuchen, was die zutiefst katholischen Tiroler in Rage bringen mußte. Wie als Antwort darauf weihten sie zu Beginn des Aufstands ihr Land dem „Heiligen Herzen Jesu". Der Tiroler Freiheitskampf war demnach beides: ein Aufstand für das Recht auf politische und kulturelle Selbstbestimmung und ein starrsinniges, aufklärungsfeindliches Verharren im Althergebrachten.

Maximilian I., römisch-deutscher Kaiser und Freund Tirols.

Tiroler Adler.

Die Schlacht am Bergisel: Darstellung bei der Innsbrucker Hungerburgbahn.

Kultur gestern und heute

Schon die bronzezeitlichen Bewohner Tirols vereinten technisches Können mit Kunstfertigkeit; ihre Schmuckstücke, Prunkwaffen und Figuren, die man an verschiedenen Stellen des Landes, oft weit oben am Berg, gefunden hat, sind zum Teil von erstaunlicher Schönheit. In den folgenden Jahrhunderten aber fiel das Kunstschaffen den Wirren der Völkerwanderung zum Opfer. Erst aus der Zeit nach der Jahrtausendwende sind wieder Zeugnisse der bildenden Kunst zu finden: romanische Kirchenbauten mit Wandmalereien wie im Gschnitztal und in Nauders, geschnitzte Heiligenfiguren wie in Wenns oder der „Wiltener Kelch" (um 1170), der anläßlich der Gründung des dortigen Klosters gestiftet wurde. Die bedeutenderen Kunstwerke der *Romanik* wurden jedoch in Südtirol geschaffen.

In der *Gotik* entstanden auch im Norden hervorragende Bauten, allen voran die Pfarrkirchen zu Schwaz und Hall, die im ländlichen Bereich einen Kranz von bescheideneren, aber nicht weniger edlen Nachschöpfungen gefunden haben, darunter in Rattenberg, Landeck und Seefeld. An Beispielen profaner Architektur ist in erster Linie das Wahrzeichen Innsbrucks, das Goldene Dachl, zu nennen, Ergebnis eines meisterlichen Zusammenspiels von Malerei, Schnitzkunst und Steinmetzarbeit, daneben das Fuggerhaus in Schwaz oder Schloß Ambras bei Innsbruck.

Auch bescheidenere Bauten entstanden in dieser Zeit, wie die Altstadtkerne von Innsbruck, Hall und Rattenberg zeigen. Das großartigste Einzelkunstwerk, das Elemente der Gotik und der Renaissance in sich vereint, ist das Grabmal Kaiser Maximilians I. in der Innsbrukker Hofkirche (s. S. 29).

Eine kaum weniger prägende Epoche war der *Barock*. Im Zuge der Gegenreformation drängte es die katholische Kirche nach prunkvoller Zurschaustellung ihrer absoluten Macht. Aus der Zahl der Baumeister, Maler und Stukkateure ragt die Baumeisterfamilie Gumpp hervor, die mit Bauten wie dem Landhaus, dem Fugger-Taxis-Palais oder der Fassade der Stiftskirche von Wilten das Stadtbild Innsbrucks prägte. Nicht minder bedeutend ist Franz de Paula Penz, der als Pfarrer und Baumeister bedeutende Kirchenbauten errichtete. Maler wie Josef Anton Zoller, Martin Knoller und Johann Jakob Zeiller bereicherten mit ihren farbenfrohen, figurenreichen Wand- und Deckengemälden die Kirchen ungezählter Dörfer. Die Formensprache des Barock und des Rokoko fand auch in Gegenständen des bürgerlichen und bäuerlichen Lebens ihren Niederschlag: Bauernstuben, Möbel, Lüftlmalereien und Weihnachtskrippen machten aus der sakralen und höfischen Kunst eine Volkskunst.

Die *Maler des 18. und 19. Jhs.* wendeten sich zum Teil von der sakralen Kunst ab und schufen heroische Landschaften wie Joseph Anton Koch oder Historien- und Genrebilder wie Franz Defregger. Eine Abkehr von folkloristischen Sujets leitete Albin Egger-Lienz ein: Zwar zeigen auch seine Gemälde die bäuerliche Welt und die sie umgebende Alpenlandschaft, doch setzt er den Akzent auf die harte, fast grausame Realität des Überlebenskampfs.

Bedeutende Werke der *Architektur* gelangen auch *im 20. Jh.*, wobei v. a. Clemens Holzmeister zu nennen wäre. Mit seinen klar konstruierten, herkömmliche Formen nur in Umrissen aufnehmenden Bauten wurde er international zu einem der Wegbereiter der modernen Architektur. Sein Werk umfaßt neben Kirchenbauten wie in Erpfendorf, St. Anton, Hötting, Navis z. B. das Festspielhaus in Salzburg und den Regierungskomplex im türkischen Ankara. Doch darüber hinaus hat die zeitgenössische Architektur wenig Raum in Tirol. Die modernen Neubauten übertreffen sich in immer ausladenderen pseudobäuerlichen Formen, mit denen sie versuchen, einen Mangel an Seele zu kaschieren. Ausgerechnet in Seefeld, der Hochburg dieser Holdrio-Architektur, findet man noch ein Werk des Bauhausadepten Siegfried Mazagg, der hier in den 30er Jahren mit dem Hotel Berghof ein die herkömmliche Bauweise kühn konterkarierendes Werk schuf.

Selbst die kleinsten Tiroler Pfarrkirchen schwelgen im Barock.

Literatur von Weltrang wurde in Tirol nicht verfaßt. Die hiesigen Autoren kamen selten aus dem Schatten ihrer Berge heraus. Frömmigkeit und naive Lust am Spiel sind die Wurzeln vieler Passionsspiele und dramatisierter Heiligenlegenden, die oft seit Jahrhunderten in verschiedenen Orten (Erl, Thiersee) aufgeführt werden. Die angesehensten Vertreter des dramatischen Schaffens unseres Jahrhunderts, Karl Schönherr und Franz Kranewitter, behandelten vornehmlich Stoffe aus der Landesgeschichte. Eher in die Sparte der Volkskunst wird man dagegen Sebastian Rieger einordnen, den Verfasser volkstümlicher Schelmen- und Kalendergeschichten, der unter dem Namen „Reimmichl“ ein Stück Folklore geworden ist.

Im barocken Kloster Stams: Szene aus dem Leben des hl. Bernhard.

Als Stückeschreiber ist Felix Mitterer (geb. 1948) hervorgetreten. Seine Themen sind Arbeitslosigkeit, Fremdenfeindlichkeit, Intoleranz und die drohende Zerstörung der ländlichen Identität durch den Fremdenverkehr. Mit der „Piefke-Saga“, einem bissigen Fernsehspiel, das in Deutschland wie in Österreich die Wogen der Empörung hochschlagen ließ, hat er den Gästen wie den Gastgebern den Spiegel vorgehalten. Als Autor und Regisseur der „Tiroler Volksschauspiele“, die jeden August in Telfs stattfinden, ist er ein wichtiger Motor für das kulturelle Leben im Land.

Das Fugger-Taxis-Palais in Innsbruck.

Feste und Veranstaltungen

Ende Januar: „Koasalauf" am Wilden Kaiser, ein Skilanglauf von Kitzbühel nach Kössen oder St. Johann, bei dem der „Koasameister" ermittelt wird.

Februar: sonntags Faschingstreiben (s. S. 11) in Imst („Schemenlaufen", alle vier Jahre, nächster Termin 2000), Telfs („Schleicherlaufen", alle fünf Jahre, 2000), Axams („Wampelerreiten", alle vier Jahre, 1998), Thaur („Mullerlaufen", alle vier Jahre, 1999), Nassereith („Schellerlaufen", alle drei Jahre, 1998).

Februar/März: „Grasausläuten" im Unterinntal am 12. März (s. S. 11, 54).

Mai: am ersten Wochenende Gauderfest in Zell am Ziller (s. S. 54); Mai bis September Passionsspiele in Erl (alle vier Jahre, nächster Termin 1999).

Juni: Brixentaler Antlaßritt von Brixen zur Schwedenkapelle in Kirchberg (Fronleichnam); Sonnwendfeuer und Herz-Jesu-Feuer auf Berggipfeln.

Juli: Ambraser Schloßkonzerte in Innsbruck; Schützenfeste in vielen Orten.

August: Festwochen der alten Musik in Innsbruck; Open-air-Konzert in Finkenberg im Zillertal (Alpen-Woodstock).

September/Oktober: Almabtrieb mit geschmückten Kühen in vielen Orten, in St. Johann mit Knödelessen verbunden.

November: Leonhardiritt in Kundl am ersten oder zweiten Sonntag.

Jeden Abend Tirolerabend – Brauch und Mißbrauch

„On the Alp no sin is found" – „Auf der Alm, da gibt's koa Sünd" – das sangen 1851 die „Tiroler Nationalsänger" vor der englischen Königin Victoria, die davon so beeindruckt war, daß sie dem Leiter der Sangesgruppe, Ludwig Rainer, eine goldene Uhr überreichte. Die Geschwister Rainer aus Fügen im Zillertal waren wohl die ersten, die aus der in Tirol tief verwurzelten Musikalität gezielt und erfolgreich Kapital schlugen. In ihren exotischen Trachten mit federbewehrten Hüten gastierten sie in ganz Europa und selbst in den USA, jodelten und sangen und trugen das Volksgut ihres Landes in die Welt hinaus. Heinrich Heine, der sie in London sah, klagte über die Zurschaustellung „...jener Lieder, die in den Tiroler Alpen so naiv und fromm gejodelt werden und uns auch ins norddeutsche Herz so lieblich hinabklingen... Ich habe nicht mitklatschen können bei dieser schamlosen Verschacherung des Verschämtesten...". Doch die Deutschen und Engländer, Amerikaner und Franzosen konnten sich gar nicht sattsehen und -hören an den so „urspünglichen" Älplern.

Als Jahrzehnte später die Touristenmassen das Land im Gebirg erreichten, verlangten sie mehr als hohe Berge und kräftige Kost. Sie wollten auch unterhalten werden, und zwar mit „Typischem". Da wurde das Tiroler Brauchtum mit seinen Trachten und Liedern hervorgeholt, aufgeputzt und auf die Bühne der Dorfgasthäuser gestellt. Was anfangs noch amateurhaft und mit Lust betrieben wurde, wich bald standardisierten Programmen mit Elementen, die mit echter Volkskunst nicht mehr das Mindeste zu tun hatten. Gleichgültig spulen Ansager und Zitherspieler heute ihr Repertoire ab und spielen das ewig gleiche Kufsteinlied. Dort, wo sie stattfinden, ziehen diese traurigen „Tirolerabende" Woche für Woche Besucherscharen an. Doch es gibt auch schon Gegenströmungen: In einigen Gemeinden wie z. B. in Längenfeld im Ötztal bemüht man sich, echte Volksmusik zu präsentieren und zu erklären; andere wieder, etwa die „Zillertaler Schürzenjäger", mischen Traditionelles mit Pop und Polka zu einem neuen Klang und bringen damit Leben in die erstarrten Formen.

Pommes, Kraut und Knödel?

Kartoffeln und Kraut, eine ordentliche Eierspeise, ein Gröstl, vielleicht einmal ein Stück Geselchtes bildeten einst den Grundstock der bäuerlichen Tiroler Küche, denn das waren die Dinge, die ein Bauernhof hergab. Im Herbst kam ein Gamsbraten dazu, in der Umgebung der Seen auch einmal ein Fisch. Doch der vorherrschende Bestandteil einer jeden Mahlzeit waren Getreideprodukte in tausenderlei Variationen. „Knödel, Nocken, Nudeln, Plenten, das sind die vier Tiroler Elementen", sagt man noch heute. Dieser Spruch sortiert die „Elementen" sorgfältig der Größe nach: zuerst die runden, männerfaustgroßen Knödel, die man aus Semmel- oder Kartoffelteig, mit und ohne geräucherten Speck, mit einer Beigabe von Käse oder einer Füllung aus gehacktem Fleisch oder ausgelassenen Grammeln (Grieben) reicht; sodann die kleineren Nokken, die stets von unregelmäßiger Form sind und heute meist als deftige Kasnocken (Käsespätzle) oder als süße Moosbeernocken (Heidelbeeren in Teig) auf der Speisekarte stehen. Unter Nudeln versteht man in Tirol auch Schmalzgebackenes, Plenten ist das dicke Mus aus Mais- oder Hafermehl, das man eher unter dem italienischen Namen Polenta kennt. Plenten aß man am Morgen, vor der anstrengenden Tagesarbeit; für viele war es das tägliche Brot.

Moderne Konservierungsmethoden und die Erfordernisse des Massentourismus haben auch in Tirol den Speisezettel internationalisiert – und dabei oft zum Langweiligen, Vorgefertigten hin verschlechtert. Jäger-, Zigeuner-, Wiener Schnitzel, dazu Pommes frites, das sind heute die Hauptbestandteile mancher Speisekarte. Einen guten Schweinsbraten oder die Tiroler Leber (geröstet und

Viel Sinn für Tradition: Mitglied der Innsbrucker Stadtkapelle ...

... und Tiroler Schütze.

Verlockendes Angebot: in einer gutsortierten Innsbrucker Metzgerei.

mit Speck) findet man zwar noch überall, ebenso wie das Tiroler Gröstl (ein Pfannengericht aus Kartoffeln, Zwiebeln und gekochtem Rindfleisch, Speck oder Wurst); Saure Nieren, ein Kalbskopf, womöglich gar eine gehaltvolle Kuttelsuppe dagegen müssen schon gesucht werden.

Doch seitdem sich die großen Köche dieser Welt mit so viel Erfolg den Regionalküchen zugewandt haben, besinnen sich auch Tiroler Wirte wieder auf das Ursprüngliche, graben die alten Rezepte aus und verfeinern sie, bieten Gerstlsuppe (Graupensuppe), Preßknödelsuppe (mit einer Einlage aus Kartoffeln und Käse), Schöpsernes (Lammfleisch), Zillertaler Krapfen (mit Kartoffeln und Quark gefüllte Teigtaschen), Schlutzkrapfen (kleine Teigtäschchen mit Spinat oder Fleisch), Moosbeernocken oder gar die aufwendig herzustellende Prügeltorte an. Auch die altbekannten Mehlspeisen sind zu neuen Ehren gekommen, etwa der allgegenwärtige Kaiserschmarrn und der Apfel- oder Topfenstrudel.

Beliebt sind allzeit die kalten Gerichte, die man zur Brotzeit bzw. Jause bekommt: Saure Wurst (Wurstsalat), Graukäs' (eine Art Harzer) mit Essig und Öl oder ein Speckbrot. Dazu trinkt man ein leichtes, helles Export oder ein Weizenbier, manchmal auch Wein, wobei meist die trockenen niederösterreichischen, steirischen und Südtiroler Gewächse angeboten werden.

Ein Kapitel für sich sind die Tiroler Obstschnäpse. Sie werden aus Äpfeln, Birnen, Pflaumen oder Marillen (Aprikosen), besonders feine auch aus Holunder oder Vogelbeeren gebrannt. Neben den „gewöhnlichen" Schnäpsen gibt es in einem guten Wirtshaus immer auch einen „Hausbrand".

Eine Auswahl von Gasthäusern, die die bodenständige Küche pflegen, ist in der Broschüre „Das Tiroler Wirtshaus" zusammengestellt, die von der Tirol-Information in Innsbruck (s. S. 93) herausgegeben wird.

Urlaub aktiv

Bergsteigen, Wandern

Markierte Wanderwege aller Schwierigkeitsgrade gibt es in großer Zahl. Zu den üblichen rot-weiß-roten Markierungen kommen zur Zeit vielerorts die von den Skipisten her bekannten Klassifizierungen blau (leicht), rot (mittel) und schwarz (schwierig).

Gesicherte Klettersteige und Touren im Hochgebirge sollte man nur gehen, wenn man über genügend Kondition, Trittsicherheit, Schwindelfreiheit und über eine solide Ausrüstung verfügt. Ausreichend Proviant mitnehmen!

Für größere Unternehmungen stehen in vielen Orten ausgebildete Bergführer zur Verfügung, die geleitete Touren anbieten. Detaillierte Informationen erteilt die Alpinschule Innsbruck, In der Stille 1, 6161 Natters, ☎ (05 12) 54 60 00, FAX 54 60 01. Sie bietet neben geführten Touren auch Kurse unterschiedlicher Schwierigkeitsgrade an. Für eine dreitägige Ausbildung mit Diplom und Gebietsabzeichen muß man etwa mit 250–300 DM rechnen.

Paragliding und Drachenfliegen

Paragliding und Drachenfliegen werden auch in Tirol immer beliebter, in den etwas breiteren Tälern gibt es daher bereits viele Vereine, die Start- und Landeplätze sowie zum Teil auch Kurse und Tandemflüge anbieten. Die bekanntesten Schulen und Klubs:

1. Österreichische Zivilluftfahrerschule für Paragleiter und Hängegleiter, Sepp Himberger, Pöllweg 7, 6345 Kössen, ☎ (0 53 75) 65 59.
Flugschule Herrmanns, Schattbergsiedlung 18, 6379 Kitzbühel, ☎ (0 53 56) 30 97.

Flugschule Westendorf / Kitzbühel, Jochen Steinbach, Bergliftstr. 18, 6363 Westendorf, ☏ (0 53 34) 68 68.
Flugschule Zillertal, Andi Gerber, 6283 Hippach, ☏ (0 52 82) 37 20.
Paragleitschule Ernst Steger, 6100 Seefeld, ☏ (0 52 12) 38 30.

Entsagung wäre hier eine Sünde gegen das eigene Wohlbefinden.

Radfahren, Mountainbike

Wer in Tirol radeln will, muß schon etwas Kondition besitzen, denn ohne Bergstrecke kommt kaum eine Tour aus. Ausnahme ist der 150 km lange Inntalradwanderweg von Landeck bis Kufstein, der überwiegend auf wenig befahrenen Asphaltstraßen oder Uferwegen verläuft. Dieser Radwanderweg sowie eine Reihe von weiteren Radwegen sind in einem Kartenset mit Begleitbroschüre enthalten, das den Titel „Radkarte Tirol" trägt. Es ist im Buchhandel erhältlich. In vielen Orten verleihen Sportgeschäfte Fahrräder und Mountainbikes.

In Tirol gilt auf den Forst- und Wirtschaftswegen nahezu überall generelles Fahrverbot, auch für die so beliebten Mountainbikes. Daß auch das bergtauglichste Bike auf schmalen Pfaden oder gar mitten im Gelände nichts zu suchen hat, versteht sich von selbst.

Nur Profis zu empfehlen: Extremklettern im Fels.

Rafting, Wildwasserkajak

Einige Sportschulen bzw. Sportgeschäfte führen Wildwasserfahrten in großen Schlauchbooten (Rafting) durch. Maximal zehn Teilnehmer werden von einem erfahrenen Piloten nach einer kurzen Einführung durch die Stromschnellen gesteuert. Organisierte Raftingtouren gibt es auf den Flüssen Inn (durch die Imster Schlucht bzw. von Imst nach Haiming), Lech und Ötztaler Ache.

Auskünfte über Veranstalter, Zeiten, Preise u. a. bei: Wildwasser Kajakschule Ötztal, Bruno Strigl, Reitle 115, 6432 Sautens ☏ 📠 (0 52 52) 67 21.
Faszinatour Abenteuerreisen, Alte Bundesstr. 107, 6425 Haiming, ☏ (0 52 66) 8 71 88, 📠 8 73 11.

Stilleben am Hafelekar bei Innsbruck.

Eine gute Adresse für Kanuschule und geführte Touren: Canyon, Simmeringstr. 10a, 6424 Silz, ☎ (0 52 63) 58 60, FAX 58 61.

Schwere Wildwasserstrecken (III–V) für Kajak- und Kanadierfahrer bieten sich auf dem Inn, dem Lech, der Isar sowie den jeweiligen Nebenflüssen an.

Skifahren

Ski- und Snowboardfahren kann man im Winter fast überall, Orte, die nicht direkt in einem Skigebiet liegen, stellen in der Regel einen Skibus zur Verfügung – angesichts der oft überfüllten Zufahrtsstraßen und Parkplätze mitten im Hochgebirge eine auch ökologisch sinnvolle Alternative zum eigenen Auto. Etwa 1200 Seilbahnen und Lifte erschließen weitläufige Skigebiete, das größte befindet sich zwischen dem Brixental und dem Ellmauer Tal. Überall gibt es Skischulen und Skiverleih, manche mit Kinderbetreuung. Die Preise für einen sechstägigen Kurs liegen etwa zwischen 150 und 200 DM. Die meisten Skigebiete bieten für Tagesgäste nach Stunden gestaffelte Preise an.

In vier Tiroler Skigebieten, nämlich in Ischgl und St. Johann, in der Axamer Lizum und am Spieljoch bei Fügen im Zillertal, sind sogenannte Weiße Engel eingesetzt, die für Sicherheitsfragen, Erste Hilfe bei Unfällen sowie Probleme mit Material und Orientierung zuständig sind und außerdem ein scharfes Auge auf Pistenrowdys haben sollen.

Langlaufen

Langlaufloipen bietet fast jeder Wintersportort an; die Loipen sind (noch) fast überall gebührenfrei zu benutzen. Unter den organisierten Langlaufveranstaltungen ist der berühmteste der „Koasalauf" (Kaiserlauf) Ende Januar von Kitzbühel nach Kössen oder St. Johann, ein Volkslauf über 33 bzw. 60 km, bei dem der „Koasameister" ermittelt wird (s. S. 18). Auskünfte bei der Tirol-Information (s. S. 93).

Unterkunft

Hotels, Gasthöfe, Pensionen

In jedem Ort Tirols stehen mehrere Hotels, Gasthöfe und Pensionen unterschiedlicher Kategorien zur Verfügung. Die örtlichen Fremdenverkehrsvereine verschicken auf Anfrage ein detailliertes Verzeichnis. Reservieren sollte man zur Hauptsaison vor allem in den beliebtesten Reisegebieten unbedingt.

Ferien am Bauernhof

Auskunft und Adressen: Informationsbüro „Urlaub am Bauernhof", Brixner Straße 1/48, 6020 Innsbruck, ☎ (05 12) 56 18 82, FAX 56 73 67.

Hütten

Verpflegung und Unterkunft während einer Bergtour bieten eine Vielzahl von Schutzhütten, bewirtschafteten Almen und Alpengasthöfen, die von den Sektionen des Alpenvereins (AV) oder privat betrieben werden. Es empfiehlt sich die Mitnahme eines leichten Baumwollschlafsacks. In der Hauptsaison kann eine telefonische oder schriftliche Bettenreservierung von Nutzen sein. Ein ausführliches Verzeichnis sämtlicher Hütten erhält man bei der Österreich-Information (s. S. 93).

Camping

Die knapp 80 Campingplätze mit meist hohem Standard haben vielfach auch im Winter geöffnet. Eine Broschüre verschickt die Tirol-Information (s. S. 93).

Jugendherbergen

Die 14 Jugendherbergen von Tirol stehen jedem offen, der einen gültigen Ausweis des Internationalen Jugendherbergsverbands vorweisen kann. Voranmeldung empfiehlt sich. Ein Verzeichnis ist bei der Österreich-Information erhältlich (s. S. 93).

Reisewege und Verkehrsmittel

Spritziges Vergnügen: Riverrafting auf dem Inn.

Auto

Für die Benutzung der österreichischen Autobahnen besteht Mautpflicht. Die Autobahnvignette gibt es in drei Varianten, als Jahres-, Zwei-Monats- und Zehntagesvignette zu 550, 150 und 70 öS. Man erhält sie in der Regel an den größeren Grenzstellen beim ÖAMTC, vorsichtshalber sollte man sie aber schon zu Hause beim ADAC, TCS oder ACS besorgen.

In Österreich gelten fast die gleichen Verkehrsregeln wie in Deutschland. Die Promillegrenze liegt bei 0,5.

Seit rund 100 Jahren wedeln Skifahrer in Tirol talabwärts.

Geschwindigkeitsbegrenzung: Autobahnen 130 km/h, Landstraßen 100 km/h, Ortsbereich 50 km/h.

Mautpflichtig: Arlbergtunnel, Brenner-Autobahn, Großer Ahornboden, Silvretta-Hochalpenstraße, Timmelsjoch.

Pannendienste: ÖAMTC: ☏ 1 20, ARBÖ: ☏ 1 23.

Neuartiger Brettlspaß: Snowboardfahren.

Bahn und Bus

Nahezu jeder Ort in Tirol ist regelmäßig mit öffentlichen Verkehrsmitteln zu erreichen, mit der Bahn oder mit den Bussen der Österreichischen Bundesbahnen (ÖBB) bzw. der Post. Bahn- bzw. Busauskunft: Postbusse: ☏ (05 12) 58 51 55, ÖBB: ☏ (05 12) 5 03-54 97.

An Bahnhofskiosken und im Buchhandel ist der „Excelsior-Taschenfahrplan" erhältlich, der Bahn-, Bus- und Flugverbindungen von und nach Tirol sowie innerhalb des Landes enthält, außerdem die Fahrpläne der Innsbrucker Straßenbahn, der Bergbahnen und der Achensee-Schiffahrt.

Auf gepflegten Langlaufloipen durch die winterliche Landschaft.

** Innsbruck

Natur und Kunst im Gleichklang

Innsbruck (128 000 Einw.) ist Hauptstadt und kultureller Mittelpunkt des Bundeslandes Tirol. Verwaltungs- und Bildungseinrichtungen, Universität und Landestheater sichern der Stadt heute die Bedeutung, die sie durch ihre Rolle als Drehscheibe zwischen Nord und Süd seit je innehatte. Doch bei aller Geschäftigkeit und Weltläufigkeit bleibt selbst dem flüchtigen Besucher stets bewußt, daß er sich hier im Herzen der Alpen befindet, denn direkt hinter der Stadt erheben sich die Bergketten des Karwendels. So sind die Innsbrucker der Natur vielleicht mehr als andere Großstädter verbunden, denn wo kann man schon in der Mittagspause schnell auf 2000 m Höhe hinauffahren und eine zünftige Abfahrt durch den Pulverschnee hinlegen, ohne dabei auch nur das Stadtgebiet zu verlassen?

Geschichte

Bedenkt man die günstige Lage Innsbrucks am Fuß des Brenners, eines der wichtigsten Alpenpässe, so muß man sich wundern, daß die Stadt vergleichsweise spät gegründet wurde. Die Römer, die im Jahr 15 v. Chr. den Alpenhauptkamm überschritten, errichteten an der Stelle des heutigen Wilten nur den kleinen Stützpunkt Veldidena. Noch vor der Jahrtausendwende wurde eine Brücke über den Inn geschlagen, den Beginn der Stadtentwicklung aber kann man erst auf das Ende des 12. Jhs. datieren. Damals kauften die Herren von Andechs dem Prämonstratenserkloster Wilten ein Stück Land ab, auf dem später die heutige Altstadt entstand, und schützten die Brücke mit einer Burg. Die Siedlung wurde innerhalb weniger Jahre zunächst zum Markt, dann zur Stadt erhoben und mit einer Mauer umgeben. Nachdem Herzog Friedrich „mit der leeren Tasche“ im ersten Drittel des 15. Jhs. in Innsbruck seine Residenz genommen hatte, ging es rasant bergauf. Kaiser Maximilian I. schließlich machte die Stadt zum Zentrum des gesamten Habsburgerreichs und legte hier das modernste und größte Waffenarsenal Europas an. Von den Brüdern Taxis ließ er sich einen Kurierdienst einrichten, der so zuverlässig und erfolgreich war, daß er bis heute Bestand hat – die Post. Als Innsbruck seine Stellung als Residenzstadt verlor – 1665 starb der Tiroler Zweig der Habsburger aus, und das Land stand fortan unter der Verwaltung kaiserlicher Beamter –, wurde 1669 zum Ausgleich die Universität gegründet. Diese Epoche sah auch die Erweiterung Innsbrucks im Stil der neuen Zeit – barocke Kirchen und Palais entstanden rund um die mittelalterlich-enge Altstadt.

Während der Befreiungskriege des „Heldenjahres“ 1809 (s. S. 14) stand die Landeshauptstadt im Zentrum des Geschehens. Am 12. April eröffneten die Schützen der Tiroler Landsturmverbände das Feuer auf die bayerischen Besatzer, die in Innsbruck lagen. Nach drei legendären Schlachten am unmittelbar südlich gelegenen Bergisel rückten die ungeliebten Eindringlinge fürs erste ab, und Andreas Hofer, der Anführer der Tiroler Bauern, zog als Oberkommandant von Tirol in die Hofburg ein.

Zwar gingen die Befreiungskriege für die Tiroler letztlich verloren, doch es dauerte nur wenige Jahrzehnte, bis Innsbruck erneut aufblühte. Die Eisenbahn erreichte 1858 die Stadt und machte sie zu einem Verkehrsknotenpunkt. Umliegende Dörfer wurden eingemeindet, wodurch das Stadtgebiet von 13 auf über 100 km² anwuchs. Heute stößt Innsbruck langsam an seine Grenzen, die hohen Berge und die dichte Besiedelung des Inntals lassen keine weitere Ausdehnung zu.

Die Altstadt

Ein Rundgang durch Innsbruck ist wie ein Spaziergang durch die Kunstepochen zwischen Mittelalter und 20. Jh. Beginnt man die Erkundung am *Hauptbahnhof* und wandert von dort aus die belebte, von Geschäften gesäumte Salurner Straße hinunter, so kann man einen Blick in das Vestibül des in den 20er Jahren erbauten *Städtischen Dampfbads* ❶ werfen. Die Jugendstilausstattung ist geradezu luxuriös, Messing und Marmor, polierte Hölzer und geschliffenes Glas sind geschmackvoll und mit Sinn für Effekte eingesetzt. – Bei der

Triumphpforte ❷ beginnt die Maria-Theresien-Straße. Die Habsburgerkaiserin besuchte Innsbruck im Jahr 1765, um die Hochzeit ihres Sohnes, des Erzherzogs Leopold, mit der Tochter des spanischen Königs zu feiern. Das glanzvolle Fest fand ein jähes Ende, als Maria Theresias Gemahl, Kaiser Franz I., unerwartet verstarb. Das neun Jahre später in Form eines römischen Triumphbogens mit einem hohen Mitteldurchgang und zwei niedrigeren Seitenpforten fertiggestellte Monument gedenkt beider Ereignisse: Die nach Süden gewandte Seite ist mit Fackeln, goldenen Kränzen und girlandenumwundenen Medaillons – Symbole der Freude und der Hoffnung – geschmückt, die der Stadt zugewandte Seite symbolisiert Tod und Trauer. – Die

* **Maria-Theresien-Straße** ist die Hauptgeschäftsstraße der Stadt, ihren Reiz machen die stattlichen Barockpalais aus, die sich die bedeutendsten Geschlechter des Landes hier erbauen ließen. In dieser Straße sollten Sie fleißig die Seite wechseln, um die ganze Pracht zu erfassen. Vor allem darf man nicht versäumen, immer wieder den Blick zu heben und die grandiose Kulisse der unmittelbar hinter der Stadt aufsteigenden Nordkette zu bewundern. Gerade wegen dieses einmaligen Kontrasts von exquisiter Kunst und ursprünglicher Natur zählt man die Maria-Theresien-Straße zu den schönsten

Die Bergspitzen des Karwendels blicken auf Innsbruck herab.

Freude und Trauer zugleich: die Triumphpforte.

Prächtiges Panorama: die Maria-Theresien-Straße.

Straßen Europas. Einer der eindrucksvollsten Bauten ist das

Fugger-Taxis-Palais ❸, errichtet 1679/80 von Johann Martin Gumpp d. Ä., der mit seiner prächtigen Architektur das Gesicht Innsbrucks geprägt hat. Über der abweisenden Rustikafassade des Erdgeschosses schwingen sich der erste und zweite Stock mit heiterer Barockstukkierung auf und schließen mit einem Fries von grotesken Fratzen ab. Im Innern ist vor allem der große Saal im ersten Stock mit einem Deckenfresko von Martin Knoller (1785) sehenswert. Direkt nebenan steht das

Alte Landhaus ❹, einst Versammlungs- und Beratungsort der Tiroler Landstände. Georg Anton Gumpp hat es 1725 bis 1728 erbaut und damit den bedeutendsten barocken Profanbau Tirols geschaffen. Vor allem der giebelbekrönte Mitteltrakt besticht durch seine ausgewogene Gliederung und seinen plastischen Schmuck, der dennoch nicht überladen wirkt, sondern den Bau sehr würdevoll erscheinen läßt. Auch das Innere kann sich sehen lassen: Den über zwei Stockwerke hinwegreichenden *Landhaussaal*, den man über das prächtige Treppenhaus erreicht, hat kein geringerer als der bayerische Hofmaler Cosmas Damian Asam ausgemalt. Die Fresken spiegeln das Selbstbewußtsein der Stände wider: Die Reichtümer Tirols und die wichtigsten Täler des Landes sind die Themen der Gemälde.

Die beiden Kirchen auf der gegenüberliegenden Straßenseite, die schlichte *Servitenkirche* ❺ mit dem Kloster (1614–1616) und die *Spitalskirche* ❻ (1701–1705) mit ihrer auffällig rotgrauen, lebhaft gegliederten Fassade, sind ganz in den Straßenzug eingebaut und setzen mit ihren barocken Fronten einen eigenwilligen Akzent gegen die hellen Felswände der Nordkette. Auf der Höhe des Rathauses treten die Häuser etwas zurück und bilden einen länglichen Platz, dessen Mitte von der

Annasäule ❼ eingenommen wird. Sie steht an der Stelle des ehemaligen städtischen Prangers und erinnert an den Abzug der bayerischen Truppen, die während des Spanischen Erbfolgekriegs das Land besetzt hatten, aber von den Tiroler Landschützen so hart bedrängt wurden, daß sie sich am 26. Juli 1703, dem Tag der hl. Anna, zurückziehen mußten.

Die Straßen *Marktgraben* und *Burggraben,* an denen die Maria-Theresien-Straße endet, markieren den Verlauf der früheren Stadtmauer. Unübersehbar beginnt hier die vom Mittelalter geprägte Altstadt. – Die

Herzog-Friedrich-Straße ist bedeutend schmaler als die barocke Prachtstraße. Eng aneinandergeschmiegt reihen sich die Bürgerhäuser auf. Ihre größte Bedrohung hatten sie im 16. und 17. Jh. zu überstehen, als heftige Erdbeben die Stadt immer wieder erschütterten. Steinerne Erdbebensäulen sollten die Gebäude schützen, und wie man sehen kann, hat diese Maßnahme auch genützt: Die gotischen Bauten mit ihren schmalen, über mehrere Stockwerke

❶ Städtisches Dampfbad
❷ Triumphpforte
❸ Fugger-Taxis-Palais
❹ Altes Landhaus
❺ Servitenkirche
❻ Spitalskirche
❼ Annasäule
❽ Stadtturm
❾ Goldenes Dachl
❿ Helblinghaus
⓫ Ottoburg
⓬ Goldener Adler
⓭ Jakobsdom
⓮ Hofburg
⓯ Landestheater
⓰ Hofgarten
⓱ Hofkirche
⓲ Tiroler Volkskunstmuseum
⓳ Tiroler Landesmuseum
⓴ Zeughaus
㉑ Hungerburgbahn
㉒ Wilten
㉓ Bergisel-Gedächtnisstätte
㉔ Schloß Ambras

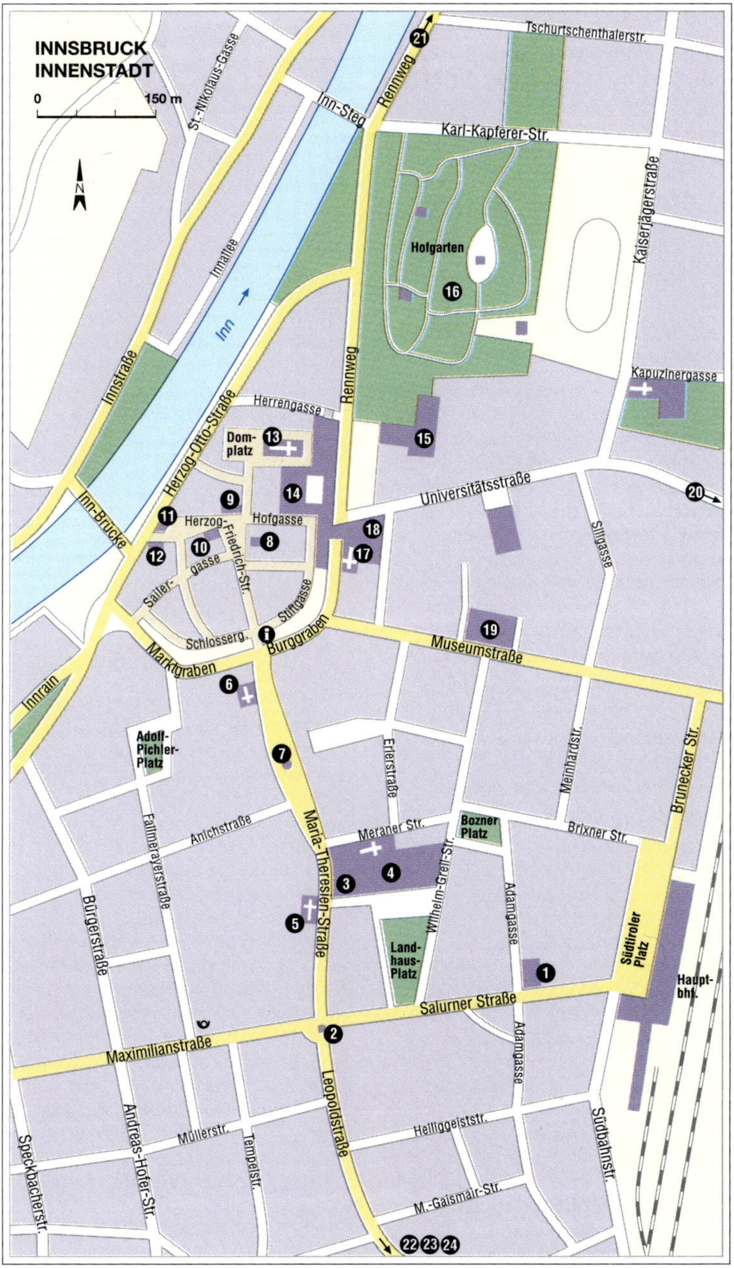
INNSBRUCK
INNENSTADT
0
150 m
N
Inn
St.-Nikolaus-Gasse
Inn-Steg
Rennweg
Tschurtschenthalerstr.
Karl-Kapferer-Str.
Kaiserjägerstraße
Hofgarten
Innallee
Innstraße
Herzog-Otto-Straße
Herrengasse
Dom-
platz
Kapuzinergasse
Universitätsstraße
Inn-Brücke
Herzog-
Friedrich-Str.
Hofgasse
Sillgasse
Seiler-
gasse
Stiftgasse
Schlosserg.
Burggraben
Museumstraße
Marktgraben
Innrain
Adolf-
Pichler-
Platz
Erlerstraße
Meinhardstr.
Brunecker Str.
Maria-Theresien-Straße
Anichstraße
Fallmerayerstraße
Meraner Str.
Bozner
Platz
Brixner Str.
Wilhelm-Greil-Str.
Adamgasse
Bürgerstraße
Land-
haus-
Platz
Südtiroler
Platz
Haupt-
bhf.
Salurner Straße
Maximilianstraße
Andreas-Hofer-Str.
Müllerstr.
Tempelstr.
Leopoldstraße
Heiliggeiststr.
Südbahnstr.
Speckbacherstr.
M.-Gaismair-Str.
1
2
3
4
5
6
7
8
9
10
11
12
13
14
15
16
17
18
19
20
21
22
23
24

reichenden Erkern, den schattigen Laubengängen und den Spitzbogenportalen sind noch fast unversehrt erhalten. Ihre Fassaden sind über die Giebel hinaufgezogen, doch handelt es sich dabei nicht um Schmuck, sondern um eine Schutzmaßnahme, die Kaiser Maximilian I. einführte, um die schindelgedeckten Dächer bei einem Brand vor Funkenflug zu schützen und das Anlegen von Feuerleitern zu ermöglichen. Von Innsbruck breitete sich diese Bauweise in andere Städte aus.

Das *Alte Rathaus,* das bereits seit 1358 besteht, wird vom 56 m hohen

Stadtturm ❽ überragt, dem Stolz der Stadt und weithin sichtbaren Zeichen des freien Bürgertums. Albrecht Dürer hat ihn bereits 1494 auf seiner Italienreise gesehen und gemalt; damals trug der Turm noch das ursprüngliche gotische Spitzdach. Erst 1560 setzte man an seine Stelle die zierliche, achteckige Bekrönung mit der kupfernen Haube und der Sonnenuhr. Der Blick von oben läßt die Mühen des Aufstiegs schnell vergessen (🕓 März bis Okt.).

Beim Alten Rathaus weitet sich die Straße zu einem dreieckigen Platz, wie dafür geschaffen, die vielen Menschen zu fassen, die im Sommer vor dem Neuhof stehen und das weltberühmte

****Goldene Dachl** ❾ bestaunen, eines der bedeutendsten Beispiele mittelalterlicher Baukunst. Hartnäckig hält sich die Sage, es sei ein Werk Herzog Friedrichs „mit der leeren Tasche", der damit seinen Namen Lügen strafen wollte; in Wirklichkeit aber hat Kaiser Maximilian I. um 1500 den Erker an die alte Burg anbauen lassen, um von dort aus standesgemäß den Turnieren beiwohnen zu können, die auf dem Platz stattfanden. Schlanke Säulen und Pfeiler, Fresken und Reliefplatten – Meisterwerke der Steinmetzkunst – zieren das Bauwerk, das mit fast 3000 vergoldeten Dachplatten gedeckt ist. Im Gebäude selbst zeigt das *Maximilianeum* zeitgenössische Porträts, Medaillen usw. des Kaisers (🕓 tgl. 10–18 Uhr).

Aus der Reihe der schlichten gotischen Häuser sticht schräg gegenüber das

Helblinghaus ❿ hervor. Mit weiß-rosa Stukkaturen über und über wie das Werk eines Konditors verziert, vereint es fast alle Muster und Ornamente des Rokokos – Bänder, Früchte, Putten, Blumen, Muscheln, Masken – zu einem harmonischen Ganzen.

An dieser Stelle knickt die Herzog-Friedrich-Straße nach links ab und führt zum Innufer hinunter. Neben der *Ottoburg* ⓫, einem alten Wohnturm mit Eckerkern, der noch auf die alte Burg der Andechser Grafen zurückgeht, erinnert das *Denkmal Anno 1809* an den Kampf um die Innbrücke.

Im *„Goldenen Adler"* ⓬, dem ältesten Gasthaus der Stadt, stiegen alle prominenten Besucher Innsbrucks ab, von Johann Wolfgang von Goethe über Heinrich Heine und Andreas Hofer bis Niccolò Paganini, ganz zu schweigen von vielen gekrönten Häuptern wie Kaiser Josef II. von Österreich, Ludwig I. von Bayern und König Wilhelm IV. von Preußen. – Der Domplatz wird vom wuchtigen

Jakobsdom ⓭ fast gesprengt. Den Bau mit zwei Fassadentürmen und einer mächtigen Kuppel über der Vierung errichtete 1717–1722 Johann Georg Fischer nach Plänen von Johann Jakob Herkomer. Im Innern wurde die Kirche von Cosmas Damian Asam ausgemalt und von seinem Bruder Egid Quirin stukkiert. Der kostbarste Schatz von St. Jakob ist jedoch ein Marienbild von Lucas Cranach d. Ä., das als Geschenk des sächsischen Kurfürsten Johann Georg I. nach Tirol kam und 1650 in den Hochaltar der Kirche integriert wurde. Im linken Chorraum steht das Grabmal Erzherzog Maximilians III., auf dessen von Säulen getragenem Aufbau der Herzog zu Füßen des hl. Georg mit dem Drachen kniet. Man sollte sich ein wenig Zeit für dieses Bronzedenkmal nehmen und vor allem dem darauf herumkriechenden Getier seine Aufmerksamkeit schenken.

Durch die Hofgasse, die beim Goldenen Dachl nach Osten abzweigt, erreicht man den *Rennweg,* dessen eine Seite vollständig von der Fassade der

Hofburg ⑭ beherrscht wird. An der Burg haben viele Tiroler Herzöge bauen lassen, bis sie durch Maria Theresia ihre heutige, etwas monumental-eintönige Gestalt erhielt und in dem unvermeidlichen „Schönbrunnergelb" gestrichen wurde. Unter den Prunkräumen ist der eindrucksvollste wohl der *Riesensaal* in festlichem Rokoko. Das Zimmer, in dem Kaiser Franz I. starb, wurde zu einer Gedächtniskapelle umgestaltet.

Auf der anderen Seite des Rennwegs stehen das *Landestheater* ⑮ und der *Leopoldsbrunnen.* Die Plastik darauf zeigt Erzherzog Leopold V. hoch zu Roß und ist insofern bemerkenswert, als hier zum ersten Mal in der bildenden Kunst ein sich aufbäumendes Pferd darstellt wurde (1628). Neben dem Theater befindet sich der Eingang zum

Hofgarten ⑯, eine schöne Anlage mit dem Tiroler Kunstpavillon, einem Alpinum und dem Palmengarten (Schmetterlingshaus, ⓒ Juni–Sept. tgl. 10–17 Uhr). Der Park wurde bereits 1410 von Herzog Friedrich angelegt, Andreas Hofer öffnete ihn 1809 während seiner kurzen Zeit als Landesoberhaupt für die Allgemeinheit. Unter alten Bäumen ist eine kurze Rast besonders zu empfehlen, denn gleich anschließend wartet am südlichen Ende des Rennwegs der Höhepunkt dieses Rundgangs, die

** **Hofkirche** ⑰ oder „Schwarzmanderkirche", erbaut 1553–1563 im Auftrag von Kaiser Ferdinand I. als Grab- und Gedächtnisstätte für seinen Großvater Maximilian. Als „Schwarze Mander" bezeichnet man die 28 überlebensgroßen Bronzefiguren, die zu beiden Seiten des ** Grabmals aufgestellt sind. Zwar liegt der Kaiser hier nicht begraben, doch dafür fand ein großer Tiroler in der Kirche seine letzte Ruhestätte: Andreas Hofer liegt hier neben seinen treuesten Gefährten (ⓒ Mo–Sa 9–17 Uhr).

Einen großartigen Blick auf ganz Innsbruck und die Nordkette verspricht der Stadtturm.

Hübsches Detail am spätgotischen Helblinghaus.

In der Hofburg.

Zwei weitere Gräber birgt die *Silberne Kapelle* im Obergeschoß, die die Hofkirche mit der gegenüberliegenden Hofburg verbindet: Hier ruhen Erzherzog Ferdinand II. und Philippine Welser.

Gleich neben der Hofkirche zeigt das *Tiroler Volkskunstmuseum* ⓲ eine umfangreiche Sammlung von Bauernstuben, Trachten, Krippen und anderen Beispielen bäuerlichen Kunsthandwerks (◷ Mo–Sa 9–17 Uhr, Dez.–März tgl. außer Di Führungen um 14 Uhr).

Das *Tiroler Landesmuseum Ferdinandeum* ⓳ in der Museumstraße vermittelt einen Überblick über Tiroler Kunstschaffen seit der Romanik (◷ Mai bis Sept. tgl. 10–18, Do auch 19–21 Uhr; Okt.–April Di–Sa 10–12, 14–17 Uhr, So 10–13 Uhr).

Etwas außerhalb der Altstadt, nordöstlich des Bahnhofs, steht in der Zeughausgasse das

Zeughaus ⓴. Maximilian I. ließ es 1502 errichten und mit den modernsten Kriegsgeräten seiner Zeit bestücken. Rings um das Arsenal entstanden Waffenschmieden und Kanonengießereien, und innerhalb kurzer Zeit entwickelte sich Innsbruck zum Zentrum des Plattnerhandwerks, das die prächtigsten Rüstungen hervorbrachte. Heute ist hier das *Landeskundliche Museum* eingerichtet. Es informiert über die Geschichte des Bergbaus und des Verkehrswesens, der Kartographie und der Holzarbeit, über Jagdwesen, Wildbach- und Lawinenverbauung, Geigenbau und die ruhmreiche Geschichte der Tiroler Landesverteidigung (◷ Mai bis Sept. tgl. 10–17 Uhr, Do auch 19–21 Uhr; Okt.–April Di–Sa 10–12 und 14–17 Uhr, So und Fei 10–13 Uhr).

Spaziergänge und Ausflüge

Ein hübscher Spaziergang führt von der Altstadt aus am Innufer entlang zur Talstation der *Hungerburgbahn* ㉑. Hier ist zunächst das gewaltige *Rundpanoramagemälde der Schlacht am Bergisel* zu bewundern. Auf 1000 m² Leinwand rollt das Geschehen vor dem Betrachter ab, besonders lebensnah dadurch, daß echte Bäume, Felsbrocken, Gewehre, Kanonen usw. im Vordergrund einen nahezu unmerklichen Übergang aus der realen in die gemalte Welt schaffen (◷ 1. 4.–30. 10. tgl. 9–17 Uhr).

Direkt daneben führt eine Standseilbahn hinauf zur Hungerburg, einem Villenviertel mit grandioser Aussicht auf die Gipfel des Alpenhauptkamms. Steigt man bereits bei der Mittelstation aus, kann man den *Alpenzoo* besuchen. Er zeigt ausschließlich Tiere des Alpenbereichs, darunter viele, die vom Aussterben bedroht sind.

Der Stadtteil *Wilten* ㉒ im Süden von Innsbruck glänzt gleich mit zwei sehenswerten Gotteshäusern. Die schönste Rokokokirche der Stadt, wenn nicht des ganzen Landes, ist die zweitürmige

***Basilika zu Unserer Lieben Frau unter den vier Säulen,** 1751–1756 nach Plänen von Franz de Paula Penz errichtet. Sie wurde reich ausgemalt (Matthäus Günther) und stukkiert (Franz Xaver Feichtmayr) und bildet den fröhlich-festlichen Rahmen für ein hochverehrtes Gnadenbild, eine in Sandstein geschnittene Madonna aus dem 14. Jh. Schräg gegenüber steht die zum Prämonstratenserstift Wilten gehörende

Stiftskirche St. Laurentius und Stephan, erbaut 1651–1665 von Christoph Gumpp. Das Portal hinter dem der Fassade vorgeblendeten Triumphbogen wird von zwei Riesen flankiert, Haymon und Thyrsus, die der Sage nach einander solange bekämpften, bis Thyrsus tödlich verletzt liegenblieb. Der überlebende Haymon stiftete aus Reue das Kloster Wilten. Der Innenraum ist längst nicht so überschwenglich-heiter wie derjenige der Nachbarkirche, sondern ernst, jedoch nicht weniger beeindruckend. Er wird geprägt durch den Kontrast zwischen dem Weiß des nur durch kleine Freskenmedaillons unterbrochenen Stucks und dem Schwarz der insgesamt neun Hochaltäre. – In wenigen Minuten erreicht man von hier die

Schwarze Mander um ein leeres Grab

Gibt es hier eigentlich auch einen Altar? Beschwören könnte das wohl kein Besucher, denn in der Innsbrucker Hofkirche hat jeder nur Augen für das wunderbare Grabmal des Kaisers Maximilian I., das fast den ganzen Raum einnimmt. Dies ist mehr als eine kunstvolle Gedächtnisstätte für einen Monarchen, es ist die Selbstinszenierung eines Herrschers, der sich auf ewig seinen Platz in der Geschichte sichern wollte.

Bis ins kleinste hat Maximilian selbst fast 20 Jahre vor seinem Tod die Ideenwelt entwickelt, die diesem Gesamtkunstwerk zugrundeliegt: 24 Alabastertafeln auf dem eigentlichen Grabmal, das von der knienden Figur des Kaisers gekrönt wird, zeigen ruhmreiche Begebenheiten aus seinem Leben, Büsten römischer Imperatoren sollten die Verankerung des Hauses Habsburg in der antiken Tradition des Kaisertums symbolisieren, eine Reihe kleiner Heiligenfiguren seine Einbettung im Christentum. Schließlich waren 40 überlebensgroße Bronzestatuen, Verkörperungen tatsächlicher oder sagenhafter Vorfahren des Kaisers, geplant – eine Darstellung seines Stammbaums und Demonstration seiner Verbundenheit mit den großen Herrschern Europas, wenn schon nicht im Fleische, so doch im Geiste. Mehr als 50 Jahre waren Maler, Bildhauer und Bronzegießer mit der Ausführung des ehrgeizigen Projekts beschäftigt, und doch ist es nie ganz zu Ende geführt worden. Immerhin befinden sich unter den 28 fertiggestellten Figuren, die in zwei Reihen neben dem Grabmal stehen, so illustre Gestalten wie Kaiser Rudolf II., die Herzöge von Burgund, der Gotenkönig Theoderich, Gottfried von Bouillon und König Arthur, übrigens eine des schönsten Statuen, von Albrecht Dürer entworfen.

Ursprünglich sollte das Ensemble in der tatsächlichen Grablege des Monarchen in der Georgskapelle in Wiener Neustadt aufgestellt werden. Aus Platzgründen erwies sich dies jedoch als unmöglich, und so bestimmte Ferdinand I. die Innsbrukker Hofkirche als Standort dieses eindrucksvollen Kunstwerks.

Bergisel-Gedächtnisstätte ㉓, Schauplatz des geschichtsträchtigen Kampfes der Tiroler gegen die Bayern und Franzosen im Jahr 1809 (s. S. 14). Im Zentrum steht ein gewaltiges Denkmal für Andreas Hofer, bis heute eine Weihestätte Tiroler Patrioten.

Nur ein kleines Stück weiter südlich haben Helden des 20. Jhs. Eingang in die Sportgeschichte gefunden: auf der *Olympia-Sprungschanze*. In den Schalen der Eröffnungsarena wurde das Olympische Feuer bereits zweimal entzündet, 1964 und 1976.

****Schloß Ambras** ㉔ im Südosten der Stadt, über einen angenehmen Waldweg von Wilten her in 45 Minuten zu erreichen, ist eines der schönsten Renaissanceschlösser des gesamten deutschsprachigen Raums. Erzherzog

Basilika zu Unserer Lieben Frau unter den vier Säulen.

Ferdinand II. ließ es in seiner heutigen Form im 16. Jh. als Wohnung für seine bürgerliche Gattin Philippine Welser anlegen. Zwei Jahrzehnte wurde der unstandesgemäßen Verbindung die offizielle Anerkennung versagt, ehe der Papst die Ehe für gültig erklärte und der Kaiser das Nachfolgerecht regelte: Die Kinder des Paares wurden als „Findelkinder" auf die Schwelle des Schlosses gelegt und von der leiblichen Mutter in aller Form adoptiert. Im *Hochschloß*, dessen Innenhof mit feinen Grisaille-Malereien geschmückt ist, kann man die gotische Küche und das „Bad der Philippine Welser" besichtigen. Die oberen Stockwerke werden von der *Porträtgalerie zur Geschichte Österreichs* eingenommen, einer Sammlung mit ca. 270 Bildnissen von Habsburgerfürsten und Verwandten aus dem europäischen Hochadel. Der lange, freistehende Bau etwas unterhalb ist der *Spanische Saal*, ein Festsaal mit herrlich geschnitzter Kassettendecke und lebensgroßen Bildnissen von Tiroler Landesfürsten. Im *Unterschloß* wird Ferdinands Sammlung von Waffen und Rüstungen sowie die „Kunst- und Wunderkammer" gezeigt, eine Ansammlung von Kuriositäten wie Bildern von riesen- oder zwergwüchsigen Menschen, ausgestopften exotischen Tieren und absonderlichen Automaten, von Spielen, Kochbüchern und allerlei mehr (🕓 April–Oktober Mi–Mo 10–17 Uhr; Dez.–März Mo bis Fr 14 Uhr: Führung durch das Unterschloß).

Praktische Hinweise

ℹ Tourismusverband Innsbruck-Igls, Burggraben 3, 6021 Innsbruck, ☎ (05 12) 5 98 50, FAX 5 98 50-7.

✈ Innsbruck-Kranebitten, Bus Linie F ab Maria-Theresien-Straße.
🚆, 🚌

Ⓗ Hotels

Europa-Tyrol, Südtiroler Platz 2, ☎ (05 12) 59 31-0, FAX 58 78 00. Die beste Adresse in Innsbruck; hervorragendes Restaurant. $$$

Goldener Adler, Herzog-Friedrich-Str. 6, ☎ (05 12) 58 63 34, FAX 58 44 09. Geschichtsträchtiges Ambiente und moderner Komfort in einer gelungenen Mischung. $$

Weißes Kreuz, Herzog-Friedrich-Str. 31, ☎ (05 12) 5 94 79, FAX 5 94 79-90. Im historischen Zentrum; schon Mozart nahm hier Quartier, vielleicht weil er sich den Goldenen Adler nicht leisten konnte. $$

Innrain, Innrain 38, ☎ (05 12) 58 89 81. In schöner Lage direkt am Innufer. $$

Engl, Innstr. 22, ☎ (05 12) 28 31 12, FAX 28 19 69. Angenehmes Wohnen am Höttinger Innufer. $

Sieben Jugendherbergen und Jugendgästehäuser, im Sommer kann man sich außerdem in einigen Studentenwohnheimen einmieten, Auskunft beim Tourismusverband.

⛺ Camping Innsbruck-Kranebitten, Kranebitter Allee 214, ☎ (05 12) 28 41 80.

Ⓡ Restaurants

Jörgele, Herzog-Friedrich-Str. 13, ☎ (05 12) 57 10 06. Feine frische Küche mit Schwerpunkt auf Fisch und Wild; angesichts der Lage mäßige Preise: $$

Stieglbräu, Wilhelm-Greil-Str. 25, ☎ (05 12) 58 43 38. Gemütliches Wirtshaus mit solider Tiroler Küche und freundlicher Bedienung. $

Hofgartencafé. Herrliches Kaffeehaus im Pavillon des Hofgartens ⓰.

Diskos und Bars

Clima, Zeughausgasse 7. Bevorzugte Disco der Innsbrucker Jugend; Tanzen bis in die Puppen (4 Uhr früh).

Filou, Stiftgasse 12 (Disko und Restaurant). In-Treff in der Innenstadt.

Fischerhäusl, Herrengasse 8. Bar und Restaurant, im Sommer im Garten.

Hollywood, Trientlgasse 26. Große „Erlebnis"-Disko mit Oldie-Abenden.

Stiftskirche St. Laurentius und Stephan in Wilten.

*Hall in Tirol

Die Salzbaronin

Hall (13 000 Einw.), wenige Kilometer östlich von Innsbruck am Ufer des Inns und zu Füßen des Großen Bettelwurfs gelegen, war einst weit mehr als die kleinere Schwester der Landeshauptstadt: Sie gehörte zu den bedeutendsten Handelsplätzen Europas. Heute ist Hall mit seinem wohlerhaltenen mittelalterlichen Stadtbild einer der schönsten Orte Tirols.

Kreuz und quer, bergauf und bergab durchziehen krumme Gassen die Stadt, biegen unvermutet um Ecken, treffen hier auf einen stillen Platz, dort auf Reste der alten Stadtmauer, deren Verlauf durch den Stadtgraben noch fast lückenlos markiert ist. Aus dem Gewirr gotischer Häuser mit Treppen- und Zickzackgiebeln, fein verzierten Erkern und Söllern, wuchtigen Erdbebensäulen, versteckten Durchlässen und prächtigen Portalen ragen die mächtige Pfarrkirche, der vieleckige Münzerturm und die grazilen Zwiebeltürme von Spitals- und Allerheiligenkirche empor – fast zu viele Kirchen für die kleine Stadt.

War Hall während seiner Blütezeit buchstäblich der Geldkasten des Habsburgerreichs, so ist es heute mehr und mehr zum Ziel für besichtigungslustige Urlauber geworden und macht sich einen Namen durch hervorragende denkmalschützerische Aktivitäten, die ihre Früchte in Form eines österreichischen Staatspreises für Denkmalpflege tragen.

Geschichte

Die Geschichte der Stadt begann im schwer zugänglichen Halltal, das sich von Norden her aus dem Kalksteinmassiv des Karwendelgebirges zum Inn herunterzieht. Dort hatte man bereits im frühen 13. Jh. angefangen, mächtige unterirdische Salzstöcke auszubeuten. Schöpfwerke leiteten Wasser in den Berg, um das Mineral aus dem Gestein zu lösen. Das salzhaltige Wasser, die Sole, wurde sodann mittels hölzerner Röhren ins Tal hinuntergeleitet und dort im Pfannhaus zum Sieden gebracht, wobei das Wasser verdampfte und das reine Steinsalz zurückblieb. Das zum Erhitzen der Flüssigkeit notwendige Holz brachte der Inn herbei. Es wurde weiter flußaufwärts geschlagen und bei Hall von einem gewaltigen, fest installierten Holzrechen wieder herausgefischt. Über Inn und Donau gelangte das „weiße Gold" auf flachen Booten in die anderen Länder des Habsburgerreichs bzw. nach Bayern.

Kein Wunder, daß sich in Windeseile ein blühender Handels- und Umschlagplatz entwickelte, der 1286 Marktrecht und 1303 Stadtrecht erhielt, bald auch vielfältige Handels- und Zollrechte sowie eine eigene Gerichtsbarkeit. Kaufleute und Händler, Schiffer und Salzsieder, Ratsherren und wohlhabende Bürger verliehen der Stadt Glanz. So war es nur folgerichtig, daß Herzog Sigmund 1477 beschloß, den Sitz der Münzstätte von Meran nach Hall zu verlegen, zumal nicht weit von hier, in Schwaz, das notwendige Silber für die Kreuzer, Sechser und Guldiner gewonnen wurde.

In der Münze zu Hall wurde zum ersten Mal in Europa eine große Silbermünze von beträchtlichem Wert geschlagen: der „Pfundner". Kaufleute und Händler, die häufig weite Strecken mit großen Geldbeträgen zurücklegen mußten, machten ihn in ganz Europa bekannt und konnten ihn überall einlösen. Bald wurden auch anderswo große Münzen geprägt, zum Beispiel im böhmischen Joachimsthal. Der „Joachimsthaler" oder „Thaler" trat seinen Siegeszug bis nach Amerika an, wo er als „Dollar" zum Inbegriff des internationalen Zahlungsmittels avancierte. Doch in dem Maße, wie aus dem wertvollen Mineral

Salz ein leicht zugängliches Streugut wurde, sank auch die Bedeutung der Stadt. 1809 stellte die Münze den Betrieb ein. Im 20. Jh. schließlich wurde das in der Industrie verwendete Salz zunehmend durch andere Stoffe ersetzt. Zudem durfte in Südtirol, einstmals wichtiger Abnehmer, nach 1918 nur noch das italienische Meersalz benutzt werden. Auch die Nutzung der Sole zu Kurzwecken konnte nicht verhindern, daß 1967 trotz heftiger Proteste der Stadt Salzbergwerk und Sudhaus geschlossen wurden.

Sehenswürdigkeiten

Problemlos parken können Sie am *Salinenpark* im Süden von Hall. In dem schön angelegten Park steht die *Barbarasäule* ❶, ein 1486 von der St.-Barbara-Bruderschaft errichteter Bildstock, dessen Reliefs u. a. die Patronin des Bergbaus sowie den für die Stadt so bedeutsamen Herzog Sigmund zeigen. Nahe dem Innufer erhebt sich die

Burg Hasegg ❷ mit dem markanten zwölfeckigen *Münzerturm*, dem Wahrzeichen von Hall. Er gehört zu den ältesten Bauwerken der Stadt und schützte Saline und Anlegeplatz der Innschiffe sowie das einzige heute noch erhaltene Stadttor, das *Münzertor*, vor feindlichen Überfällen. Ab 1567 war hier auch der Sitz der Münze. Ihre glanzvollsten Tage erlebte die Burg 1492, als Kaiser Maximilian hier seine zweite Frau, Bianca Maria Sforza, heiratete und die Stadt tagelang feierte. Heute ist in dem Gebäude unter anderem das *Stadtmuseum* eingerichtet, das Kunstwerke vom 15. Jh. bis in die Gegenwart sowie eine Sammlung zur Stadtgeschichte präsentiert (◷ nur mit Führung, April–Okt. Mo–Sa um 10, 11, 14, 15, 16, 17 Uhr, So, Fei 14, 15, 16, 17 Uhr; Nov.–März Führungen nach Vereinbarung mit dem Fremdenverkehrsverband, s. S. 36). – Am *Oberen Stadtplatz* steht die spätgotische

***Pfarrkirche St. Nikolaus** ❸, die im 14. und 15. Jh. errichtet wurde. Sie

Bollwerk gegen Silberdiebe: der Münzerturm.

Blick auf den Hochaltar der Pfarrkirche St. Nikolaus.

Angenehme Sitzungen versprechen die Säle des Rathauses.

gehört zu den bedeutendsten Bauwerken Tirols und belegt eindrucksvoll Rang und Reichtum der Stadt. Besondere Aufmerksamkeit verdient die dem Platz abgewandte Westfassade, durch deren Portal man den im 18. Jh. barock gestalteten Innenraum betritt. Hier wird man zunächst eine verblüffende Asymmetrie feststellen: Der Altarraum scheint ein Stück nach rechts verschoben zu sein. Als die Kirche Mitte des 15. Jhs. zu klein geworden war, verbreiterte der Baumeister Hans Sewer das Kirchenschiff nach Norden hin. Der Chor mit dem Hochaltar aber mußte an der ursprünglichen Stelle bleiben, da der hohe Turm einer Ausdehnung im Wege stand. Die kostbar ausgestattete und mit einem Schmiedeeisengitter abgeschlossene *Waldaufkapelle* an der linken Langhauswand stiftete der Ritter Florian Waldauf (gest. 1510), ein Freund und Ratgeber Kaiser Maximilians, als Aufbewahrungsort für seine Reliquiensammlung.

Das hochgiebelige, wappengeschmückte *Rathaus* ❹ mit seinen prachtvoll ausgestatteten Sälen wurde in seiner jetzigen Form 1447 errichtet. Die Ritter- oder Rolandsfigur am 1536 hinzugekommenen Anbau war bis ins 19. Jh. das Symbol der Stadtgerichtsbarkeit.

Im spätgotischen *Stubenhaus* ❺ zu Füßen des Kirchenhügels hielten die wohlhabenden Bürger und Ratsherren Bankette und Zusammenkünfte ab – in der feierfreudigen Stadt gewiß kein seltenes Ereignis. Gleich dahinter können Sie im *Bergbaumuseum* ❻ die Geschichte der Salzgewinnung studieren (🕓 April–Okt. Mo–Sa, Besichtigung nur im Rahmen von Führungen jeweils um 9, 10, 11, 14, 15, 16 und 17 Uhr).

Über die Mustergasse oder die Erzherzog-Eugen-Gasse spaziert man zum Stiftsplatz, der die Zeit der Renaissance und des Barocks konserviert hat. Das

Damenstift ❼ wurde 1567–1569 errichtet, vier Jahre später kam ein Jesuitengymnasium dazu. Damit wurde Hall nicht nur zu einem geistigen Zentrum Tirols, sondern auch zu einem Mittelpunkt des Musiklebens, der selbst Mozart anzog: Am 26. Oktober 1772 besuchte er die Stadt und spielte auf der Orgel der Stiftskirche, wie sein Vater gewissenhaft in einem Brief notierte. Einst war hier die Burg Sparberegg gestanden, in der die erste Münzstätte untergebracht war. Einige Bauteile sind in den Mauern des Stifts noch zu erkennen. In der *Stiftskirche* (1567–1570) mit dem schönen barocken Turm kann man die Grabnischen ehemaliger Stiftsdamen besichtigen. Die ursprüngliche Ausstattung wurde entfernt, als Stift und Kirche 1783 aufgehoben wurden. Neben der Stiftskirche steht die *Allerheiligenkirche* *, die ehemalige Jesuitenkirche, 1608–1610 erbaut und mit feinen Stukkaturen ausgestattet.

Am westlichen Rand der Altstadt schließt eines der kuriosesten Gebäude von Hall den Rundgang ab: die *Nagglburg* ❾, ein schmales, verwinkeltes Haus im spitzen Winkel zwischen zwei zusammenlaufenden Straßen.

Gegenüber dem Ansitz *Rainegg* ❿, in der zweiten Hälfte des 15. Jhs. hart am Stadtgraben erbaut, hat man dem im nahen Gnadenwald geborenen Tiroler Freiheitskämpfer Josef Speckbacher ein *Denkmal* ⓫ gesetzt.

Praktische Hinweise

ℹ Fremdenverkehrsverband, Wallpachgasse 5, 6060 Hall-Thaur, ☎ (0 52 23) 5 62 69, FAX 5 62 69-20. 🚆, 🚌

Ⓗ **Hotel Maria Theresia,** Reimmichlstr. 25, ☎ (0 52 23) 5 63 13, FAX 4 46 85. Hübsches, bequemes Haus etwas außerhalb der Stadt; eigener Kinderspielplatz. $$

Ⓡ **Gasthof Bretze,** Salzburger Str. 5, ☎ (0 52 23) 5 67 52. In den 30er Jahren Künstlertreffpunkt, heute vorzügliche Tiroler Küche. $$

Restaurant Nagglburg, Ritter-Waldaufstr. 11, ☎ (0 52 23) 5 25 26. Feine Schwammerlgerichte, 🕓 Mi–Sa ab 17 Uhr. $

Tip für den Abend: **Diana-Bar,** Oberer Stadtplatz. Bar in einem alten Gewölbe, mit enormer Anzahl von Whiskysorten; leider teuer.

Ausflug ab Hall

Eine sehr empfehlenswerte Wanderung führt vom nördlichen Stadtrand von Hall (Bettelwurfsiedlung) über die Salzbergstraße durch das Halltal hinauf zu den *Herrenhäusern.* Sie beherbergten die Verwaltung des Salzbergwerks, das bis 1967 hinein in Betrieb war. In dem Komplex mit dem herrschaftlichen Gepräge, der einen sonderbaren Kontrast zur Bergwelt des Karwendels bildet, befindet sich neben einer schlichten Gastwirtschaft das kleine *Salzbergmuseum* (hin und zurück ca. 4 Std.).

1 Barbarasäule
2 Burg Hasegg
3 Pfarrkirche St. Nikolaus
4 Rathaus
5 Stubenhaus
6 Bergbaumuseum
7 Damenstift
8 Allerheiligenkirche
9 Nagglburg
10 Ansitz Rainegg
11 Denkmal für Josef Speckbacher

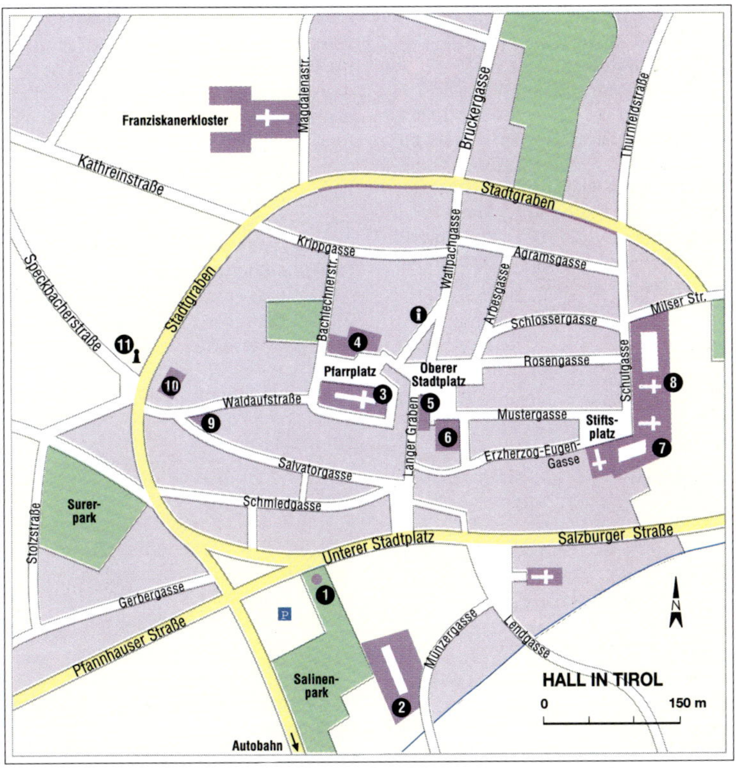

Route 1

Das Inntal – die Lebensader Tirols

Kufstein – *Rattenberg – Kramsach – Schwaz – *Hall – **Innsbruck (101 km)

Im breiten, nahezu ebenen Inntal liegen die bedeutendsten Städte Tirols, stehen die schönsten Burgen und Schlösser. Schaut man an einem schönen Sommertag vom Schloß Tratzberg aus auf das grüne Land hernieder, liegt einem alles, was des Menschen Betriebsamkeit geschaffen hat, zu Füßen: Dörfer mit spitzen oder gezwiebelten Kirchtürmen sind über das grüne Land gestreut, da und dort ragt grau eine Burgruine empor, Eisenbahnen und Autos sausen am Ufer des Inns entlang. Wer sich für die reizvolle Landschaft Zeit nimmt, der findet hier nicht nur historische Bauwerke und gute Gasthäuser, sondern auch stille Flecken und lange Wanderwege. Für einen ausführlichen Streifzug durch das Inntal sollte man daher schon drei Tage einplanen.

Kufstein (14 500 Einw.), die „Perle Tirols", gehört zu den bekanntesten Städten Österreichs. Ihr Wahrzeichen, der dicke, markante Kaiserturm der Festung, ist für viele Besucher aus dem Norden das erste, was sie von Tirol zu sehen bekommen. Auch in der Geschichte spielte diese Feste, eine der mächtigsten und stärksten des Landes, immer wieder eine bedeutende Rolle.

Fast unmittelbar am Innufer, aus der Mitte der Stadt heraus, erhebt sich der Burgfelsen. Einst schrieb man ihm die Form eines „Kufens", eines Kübels, zu, so kamen Ort und Burg zu ihrem Namen. Schon 1339 erhielt das damals bayerische Kufstein weitreichende Stadtrechte. Die Bedeutung der Siedlung war immens, führte hier doch eine von wenigen Brücken über den Inn. 1342 schenkte der Wittelsbacher Ludwig von Brandenburg den Ort zusammen mit den Gerichten Kitzbühel und Rattenberg seiner Frau Margarethe Maultasch zur Hochzeit, doch schon 1369 – Tirol war inzwischen dem Habsburgerreich einverleibt worden – kam er wieder zum Herzogtum Bayern. Immer wieder war Kufstein Zankapfel und begehrter Preis in den Streitigkeiten zwischen Tirol und Bayern, und immer wieder gelang es den Tirolern in langwierigen und verlustreichen Kämpfen, Stadt und Festung zurückzuerobern.

Diese bewegte Geschichte hat vom mittelalterlichen Baubestand nicht viel übrig gelassen. Fast alle Häuser fielen 1703 einem Brand zum Opfer, der Kirchen und Wirtshäuser, Spital, Schmelzwerk und Brücke, Vorräte, Waffen, Ausrüstung und schließlich das Rathaus mit den gesamten Urkunden und Dokumenten zerstörte. So bietet Kufstein heute trotz der eindrucksvollen Silhouette ein fast enttäuschendes Bild.

Vom Bahnhof her über die Innbrücke erreicht man zunächst den von Bürgerhäusern des 19. und 20. Jhs. gesäumten *Unteren Stadtplatz* mit dem neugotischen Marienbrunnen. Das *Rathaus* am oberen Ende des Platzes mit dem stolzen Treppengiebel hat seine heutige Form erst seit 1924/25, als ein früherer Bau erweitert und umgestaltet wurde. Die Fassade zeigt u. a. die Wappen der Tiroler Städte.

Links der Innbrücke befindet sich die *Wasserbastei* und dahinter ein letzter Rest der alten Stadtbefestigung. Auch im *„Café Hell"* vor der Bastei lassen sich noch Spuren aus Kufsteins Vergangenheit finden: Hier haben sich einige Freskenreste aus dem 16. Jh. erhalten.

Rechts der Brücke, in der Römerhofgasse, sind einzelne Stationen aus der Geschichte zu sehen: Das *„Batzenhäusl Schicketanz"*, mit launigen Sprüchen bemalt, und das weithin berühmte

„Auracher Löchl", beide beliebte Weinlokale, halten die Erinnerung an große Stunden der Landesgeschichte fest. Vor allem die Wandmalerei am „Auracher Löchl" ist einer näheren Betrachtung wert: Während auf der einen Seite die Figuren Andreas Hofers und Josef Speckbachers für die Tiroler Freiheitskriege stehen, wird auf der anderen Seite des schneidigen Festungskommandanten Hans Pienzenauer gedacht. Als im Jahr 1504 die bayerische Besatzung der Burg vertragsgemäß hätte abziehen sollen, weigerte sich der Kommandant, die Festung an Kaiser Maximilian zu übergeben. Er verschanzte sich hinter den starken Mauern und hatte für die militärischen Bemühungen der Belagerer nichts als Spott übrig. Mit einem Besen soll er gar die Reste der an den Mauern zerschellten Kanonenkugeln abgekehrt haben. Voll Zorn über diese offene Mißachtung seiner Ansprüche und seiner kaiserlichen Würde ließ Maximilian aus dem Innsbrucker Zeughaus seine stärksten Kanonen holen – genannt „Weckauf" und „Purlepaus" – und die Festung innerhalb von drei Tagen sturmreif schießen. Dem widerborstigen Pienzenauer aber wurde zum Exempel der Kopf abschlagen.

Gleich hinter dem „Auracher Löchl" könnten Sie mit dem Festungslift hinauf auf die Burg fahren, interessanter aber ist der Treppenweg, der zunächst zur ursprünglich gotischen, immer wieder umgestalteten *Pfarrkirche St. Vitus* führt. Die *Dreifaltigkeitskirche* (1500) gleich daneben beherbergt einen prachtvollen Rokokoaltar mit ausladendem Baldachin. In die Außenmauer sind marmorne Grabsteine eingelassen, u. a. der für den Ritter und Bergwerksbesitzer Hans Baumgartner (gest. 1493), auf dem der Tote recht eindringlich, nämlich schon halb verwest, dargestellt ist.

Im Bogen geht nun ein weiterer Treppenweg hinauf zum *Festungsneuhof*, auf dem in einem kleinen Häuschen der Heldenorgel-Spieltisch zu sehen ist, das Manual der *Heldenorgel*, die 1931 im Bürgerturm der Burg eingerichtet wur-

Blick auf die Festung Kufstein hoch über dem Inn.

Am Unteren Stadtplatz.

Spinnefeind: Kaiser Maximilian und Festungskommandant Pienzenauer.

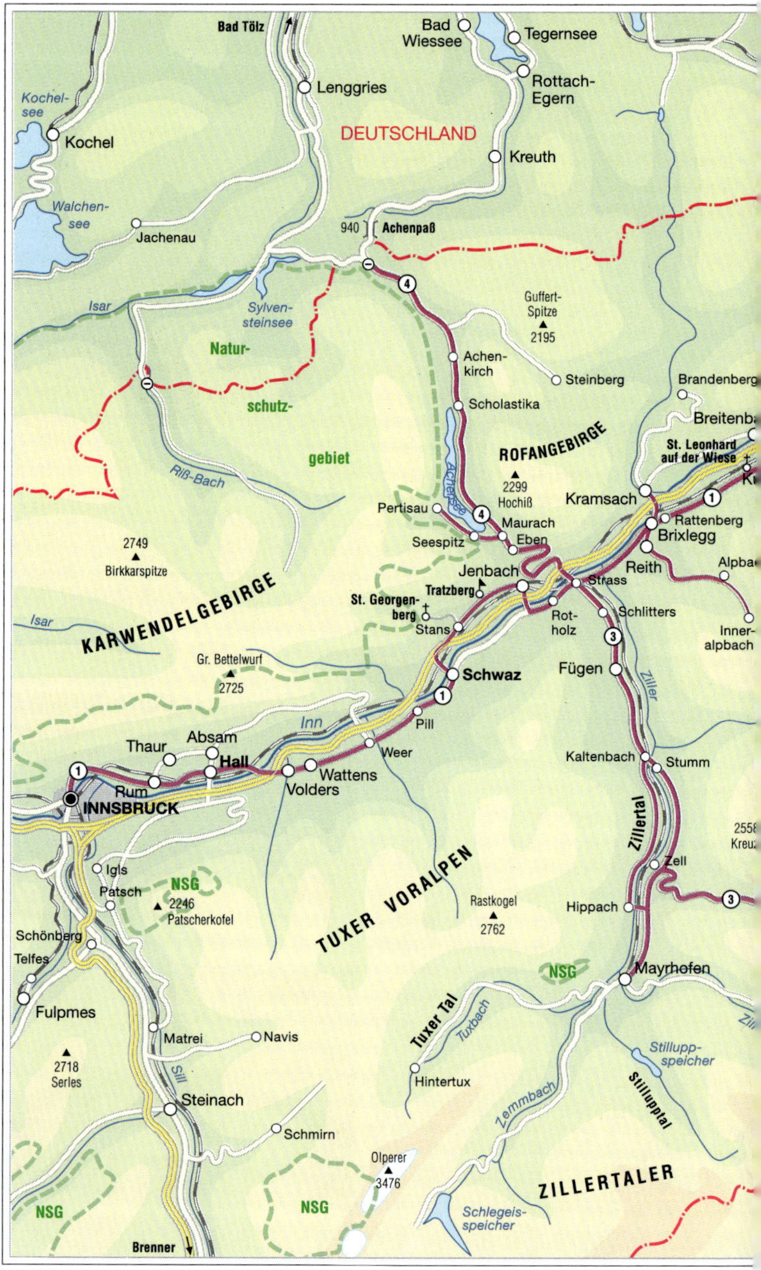

Bad Tölz
Bad Wiessee
Tegernsee
Rottach-Egern
Lenggries
Kochelsee
Kochel
DEUTSCHLAND
Kreuth
Walchensee
Jachenau
940
Achenpaß
Isar
Sylvensteinsee
Naturschutzgebiet
Guffert-Spitze
2195
Achenkirch
Steinberg
Brandenberg
Scholastika
Riß-Bach
ROFANGEBIRGE
2299
Hochiß
St. Leonhard auf der Wiese
Kramsach
Achensee
Pertisau
Maurach
Rattenberg
Brixlegg
Seespitz
Eben
2749
Birkkarspitze
Jenbach
Reith
Strass
Tratzberg
St. Georgenberg
Stans
Rotholz
Schlitters
Inneralpbach
KARWENDELGEBIRGE
Gr. Bettelwurf
2725
Schwaz
Fügen
Ziller
Pill
Inn
Thaur
Absam
Hall
Weer
Kaltenbach
Stumm
Wattens
Volders
Rum
INNSBRUCK
Zillertal
Igls
Patsch
NSG
2246
Patscherkofel
TUXER VORALPEN
Rastkogel
2762
Zell
Hippach
Schönberg
Telfes
Fulpmes
Mayrhofen
Tuxer Tal
Tuxbach
Matrei
Navis
2718
Serles
Sill
Stillupp-speicher
Hintertux
Steinach
Stilluppltal
Lemmbach
Schmirn
Olperer
3476
ZILLERTALER
Schlegeis-speicher
Brenner

ROUTEN 1-4
0
10 km
N
Rosenheim
Bayrisch-
zell
Ober-
audorf
Kiefersfelden
Ursprungpaß
839
Kufstein
Nieder-
ndorf
Ebbs
Walchsee
Durchholzen
1997
Pyramiden-Spitze
NSG
KAISERGEBIRGE
2344
Ellmauer
Halt
Kössen
Großache
Kirch-
dorf
Erpfendorf
Waidring
Paß Strub
704
St. Ulrich
am Pillersee
Maria-
stein
Kirchbichl
Bad
Häring
Hintersteiner
See
Scheffau
Söll
Ellmau
St. Johann
Fieberbrunn
Wörgl
Hohe Salve
1827
Kitzbüheler
Horn
1996
Kitzbüheler Ache
Hopfgarten
Brixen
Westendorf
Kirch-
berg
Kitzbühel
1655
Hahnenkamm
967
Grießen-
Paß
Auffach
Wildschönau
Windauer Ache
Tirol
Aschau
Jochberg
Saalbach
Hinterglemm
Saalach
Langer Grund-Ache
Gr. Rettenstein
2362
Paß
Thurn
1274
ALPEN
Salzachgeier
2469
KITZBÜHELER
2225
Wildkogel
Uttendorf
Mittersill
Salzach
Gerlos-Paß
1507
Neukirchen
Bramberg
Gerlos
Krimml
Krimmler
Wasserfälle
Salzburg
Nationalpark
Hohe
Tauern
Hollersbach
Krimmler Ache
Tauern-
kogel
2989
Felber-
tauern-
tunnel
NSG
3088
Sonnblick
NSG
VENEDIGER-
3674
Großvenediger
GRUPPE
ALPEN
3499
Dreiherrn-Spitze
ITALIEN
Osttirol
Matrei i. O.

de. Die ganze Festung bildet somit einen gewaltigen Resonanzkörper für die Orgelklänge, die jeden Mittag über die ganze Stadt hinwegbrausen. Im Sommer werden täglich zwei Stücke gespielt, zum Abschluß jeweils das Lied „Ich hatt' einen Kameraden", denn das gewaltige Musikinstrument wurde zum Gedenken an die Gefallenen des Ersten Weltkriegs installiert (Spielzeiten tgl. 12 Uhr, 1. 6.–15. 9. auch 18 Uhr).

Weiter geht es hinauf zur * *Burg,* in die man mit etwas Phantasie noch heute ein reges Leben hineinträumen kann. Das Schloßpfortengebäude etwa, gleich am Ende des Aufgangs, war früher Wachstube und Arrestzelle. Links steht der Bürgerturm (s. S. 39). Durch ein großes Tor betritt man die Gaudenzbatterie mit dem Fuchsturm und dem Tiefen Brunnen (1546). An den Schießscharten des Schloßrondells brachten einst die Verteidiger ihre Geschütze in Stellung, in der Oberen Schloßkaserne waren Offiziersunterkünfte und Schreibstuben eingerichtet. Heute zeigt hier das *Heimatmuseum* prähistorische Funde aus dem Kaisertal, Bauernstuben und Gerätschaften aus dem Unterinntal, Volkskunst, Versteinerungen, Alpentiere sowie Erinnerungsstücke aus der Zeit, in der das Gebäude als Gefängnis für politische Häftlinge der Habsburgermonarchie diente (Führungen Ostern–Okt. Di bis So 9.30, 11, 13.30, 15, 16.30 Uhr, Juli, Aug. auch Mo). Auch eine Burgschenke ist in dem Gebäude untergebracht und nutzt den einstigen Festungshof als Gastgarten. Der Kaiserturm aus dem 16. Jh. hat bis zu 7 m dicke Mauern.

ℹ Tourismusverband, Münchner Str. 2, 6330 Kufstein, ☎ (0 53 72) 6 22 07, FAX 6 14 55. 🚆, 🚌

Ⓗ **Hotel Auracher Löchl,** Römerhofgasse 2–5, ☎ (0 53 72) 6 21 38, FAX 6 49 39-51. Historische Unterkunft im Schatten der Burg. $$

Gasthof Stimmersee, Stimmersee, ☎ (0 53 72) 6 27 56, FAX 6 27 56-7. Oberhalb der Stadt am See. $

Gasthof Stimmersee, Am Stimmersee, ☎ (0 53 72) 6 27 56, FAX 6 27 56-7. An einem kleinen See. $

Ⓡ **Gasthof Kienbergklamm,** Kienbergstr. 31, ☎ (0 53 72) 6 22 48. Herrlich altmodischer Ausflugsgasthof zehn Minuten vom Zentrum am Fuß des Elfenhains mit schattigem Gastgarten und handfester Küche. $

Einkaufstip: **Riedel Glas,** Weissacher Str. 28, ☎ (0 53 72) 6 32 88 28. Riedel ist bekannt für sein wunderschönes, wertvolles und entsprechend teures Tafelglas. Im Fabrikverkauf (🕓 Mo–Fr 9–12, 13–17.30, Sa 9–12 Uhr) ist die 2. Wahl (nur kleinste Fehler) ca. 40 % billiger als die reguläre Ware – und Sonderangebote gibt's auch.

Nordwestlich des Straßendorfes Kirchbichl, auf der gegenüberliegenden Seite des Inns, steht die Burg und Wallfahrtskapelle

Mariastein, markant vor allem wegen ihres hohen fünfeckigen Wohnturms, der zum Teil noch aus der Gründungszeit der Burg (14. Jh.) stammt. Von seinen vier Stockwerken ist das meistbesuchte wohl das oberste mit der *Gnadenkapelle,* in der ein Rokokoaltar das bis heute hochverehrte Gnadenbild birgt, eine Marienstatue aus der Zeit um 1470. Das dritte Geschoß wird von der *Kreuzkapelle* mit einer besonders schön geschnitzten Kassettendecke eingenommen. Der Rittersaal im zweiten Stock ist heute ein *Museum,* die Exponate stammen u. a. aus der früheren Schatzkammer Mariasteins.

Bald hinter Kundl, dicht neben der B171, zieht

St. Leonhard auf der Wiese alle Blicke auf sich, eine eindrucksvolle spätgotische Kirche (1480–1512) mit hohem spitzen Turm, großem Spitzbogenportal und einem kleineren, kunstvoll gearbeiteten Eingang im Süden. Wie bei vielen Kirchen ist auch hier der hl. Christophorus, der Heilige des guten Weges, groß auf die Außenmauer gemalt, damit man ihn schon von weitem sehen und seine Fürbitte erflehen kann. Einst war das Gotteshaus ein vielbesuchtes Wallfahrerziel, da der hl. Leonhard als Viehheiliger gilt. Am Chor ist seine Figur aufgestellt (1481).

Ein Bild von einer Burg: Kufstein.

***Rattenberg** (2340 Einw.), 44 km, ist ein nahezu unversehrt erhaltenes mittelalterliches Städtchen, das sich an das felsige Südufer des Inns drängt. Schon um die Jahrtausendwende hatte das bayerische Geschlecht der Rapotonen auf dem Felsen eine Feste errichtet – die „Burg des Rato", die der Ansiedlung auch den Namen gab. Die eher ungünstige Lage im Schatten der steilen Wand des Zimmermoosbergs, die im Winter keinen Sonnenstrahl in die bergseitig gelegenen Häuser dringen läßt, brachte dem Ort in der Vergangenheit auch Vorteile, denn diese Engstelle war nicht zu umgehen – eine ideale Zollstätte! So wurde die Festung bald zur Goldgrube für den Marktflecken, der bereits 1393 zur Stadt erhoben wurde. Erst Ende des 18. Jhs. begann der Bau zu verfallen. Einmal als Steinbruch benutzt, blieb nicht mehr viel von ihm übrig. Besondere Bedeutung wuchs der Stadt durch den Silber- und Kupferbergbau zu, sie wurde sogar Sitz des Berggerichts. Noch heute kann man den einstigen Reichtum der Rattenberger an den prächtigen gotischen Häusern ablesen: breite Fassaden, fein verzierte Erker, ausladende Portale, zierliche Schilder an den Gasthäusern der Stadt. Den schönsten Erker trägt das alte *Rathaus* am dreieckigen Marktplatz, das Symbol der freien Bürgerschaft.

Eingang zur Pfarrkirche St. Virgil in Rattenberg.

Die *Pfarrkirche St. Virgil* fällt vor allem durch ihre zwei Schiffe und zwei Chöre auf, in denen einst die Bürger und die Knappen ihre Messen getrennt feierten. Die gegenseitige Abgrenzung der Kaufleute und Bergmänner dokumentierte das Standesbewußtsein dieser beiden Gruppen.

In Rattenberg hat sich viel Bausubstanz aus dem Mittelalter erhalten.

Aus der Entstehungszeit um 1500 stammen noch die schön gemeißelten Portale. Die Innenausstattung mit Malereien von Simon Benedikt Faistenberger und Matthäus Günther ist dagegen schon ganz Barock und Rokoko.

Am schönsten ist ein zielloser Spaziergang durch die wenigen Straßen der Stadt, bei dem man überall malerische Stellen entdecken kann, nicht zuletzt den wie dafür eingerichteten „Malerwinkel" auf dem Weg zur Kirche. Viele Geschäfte haben sich übrigens auf Glaswaren spezialisiert, die man hier so schön und qualitätvoll wie kaum irgendwo anders kaufen kann.

Daß Rattenberg heute noch so gut erhalten ist, verdankt es wiederum seiner Lage: Mit dem Niedergang des Bergbaus und der Aufhebung der Zölle erwies sich das, was einst so günstig gewesen war, als verhängnisvoll. Die Stadt hatte keinen Platz, Werkstätten und Manufakturen, Eisengießereien oder Schmieden anzusiedeln, die im beginnenden Industriezeitalter den Bürgern neue Verdienstmöglichkeiten hätten bieten können. So blieb der Baubestand im wesentlichen unberührt.

Brixlegg (2600 Einw.), 46 km, hingegen hatte keine räumlichen Probleme, die den wirtschaftlichen Aufschwung behinderten: Obwohl es nie zur Stadt erhoben wurde, wuchs es in seiner Bedeutung bald über das benachbarte Rattenberg hinaus, ohne seinen dörflichen Charakter zu verlieren. – Von Brixlegg aus führt eine Straße hinein ins landschaftlich überwältigende

Alpbachtal mit den Orten *Alpbach* und *Inneralpbach,* weit zerstreuten Ansiedlungen mit stattlichen alten Bergbauernhöfen. Das harte Leben hat sich für die Bergbauern erst in den Jahren nach dem Zweiten Weltkrieg etwas geändert, als die erste Fahrstraße ins Tal gebaut wurde. Von dem alljährlich stattfindenden „Europäischen Forum", bei dem Künstler, Wissenschaftler, Politiker und Philosophen aus aller Welt einen freien Gedankenaustausch pflegen und sich einem „Europa ohne Grenzen" verpflichten, merken sie wenig. Ihrem früheren Leben kann man im *Bergbauernmuseum* in Inneralpbach nachspüren, einem noch original eingerichteten Bauernhof (🕓 Mai–Oktober, ☎ 0 53 36/56 07).

Kramsach (4000 Einw.), 48 km, das auf der anderen Innseite liegt, bietet einen weiteren Zugang zur Welt der Bauern. Hier hat man etwas außerhalb des Orts auf einem ca. neun Hektar großen Gelände Bauernhöfe aus vielen Tiroler Tälern wiederaufgebaut und renoviert, dazu Ställe, Kornkästen, Schmiede, Mühle, Badehaus, Alm, Kapelle, Schießstand und Wirtshaus – eine vergangene Welt, die trotz des musealen Charakters noch viel von den unsäglichen Mühen der Bauernarbeit ahnen läßt (🕓 Ostern–31. 10. tgl. 10–18 Uhr).

***Schloß Tratzberg,** das auf einer Bergschulter oberhalb von Jenbach thront, ist eine der schönsten und besterhaltenen Burgen Tirols. Die reichen Gebrüder Tänzl ließen sie 1499 im Übergangsstil von der Gotik zur Renaissance ausbauen. Weitere Trakte und Ausstattungsteile kamen durch die Familien Ilsung und die Fugger hinzu. Der vornehmliche Reiz des Schlosses liegt in seiner trotz allen Prunks bewahrten komfortablen Wohnlichkeit. Besonders bemerkenswert sind der *Habsburgersaal* mit Porträts sämtlicher Habsburger bis Maximilian I., das *Königinzimmer* mit der kunstvollen Holztäfelung, die gotische *Kapelle* und die reich bestückte *Rüstkammer* (Führungen Ostern–Ende Sept. Di–So 10, 11, 14, 15 und 16 Uhr).

Ebenfalls hoch über dem Inntal liegt auf einem steilen Felsen das Kloster

St. Georgenberg, ein seit vielen Jahrhunderten bestehender Wallfahrtsort. Zu der frisch renovierten Kirche mit Klosterschenke führt von Stans aus (Parkplatz vor der Klamm) ein höchst romantischer Wanderweg durch die vom Stallenbach durchtoste Wolfsklamm (ca. 90 Min.). Da der Komplex immer wieder von Bränden zerstört wurde, verlegten die Benediktinermönche die Abtei im Jahr 1705 etwas weiter innaufwärts, nach Fiecht. Schon kurze Zeit darauf wurde der Stammsitz wiederaufgebaut, eine Umgestaltung im 19. Jh. verwischte jedoch alle Spuren des romanischen Ursprungs.

Schwaz (12 000 Einw.), 70 km, ist einer der bedeutendsten Orte des Unterinntals. Schon 930 wurde die Siedlung erstmals erwähnt, von einer Burg weiß man seit 1100. Ins Blickfeld rückte diese Gegend aber erst um 1400, als man am Kellerjoch die reichen Kupfer- und Silbererzvorkommen entdeckte. Innerhalb von 100 Jahren erlebte Schwaz einen unbeschreiblichen wirtschaftlichen Aufschwung. Das Schwazer Silber machte die Habsburger reich und mächtig: Sie verpachteten die Bergwerke an Handelsherren wie die Fugger, die ihnen dafür Bargeld zur Verfügung stellten. Mehr als 10 000 Knappen, vor allem aus Schlesien, arbeiteten und lebten in dem Ort, der Handel blühte und mit ihm die Kunst. In Schwaz wurden aber auch die Grundlagen für die Montanwissenschaft geschaffen: Das „Schwazer Bergbuch", das alle im Berg beschäftigten Berufszweige, die einzelnen Arbeitsgänge und Verwaltungseinheiten, jedes Werkzeug und alle Maßeinheiten genauestens beschrieb, wurde für viele Jahrhunderte zum Standardwerk. „Schwaz ist aller Bergwerke Mutter", hieß es. Die schweren Zerstörungen im Zweiten Weltkrieg haben dem Stadtbild viele unheilbare Wunden geschlagen. Erhalten sind aber noch das *Rathaus* (1500–1509) mit barocker Fassadenmalerei und einem Arkadenhof sowie das *Fuggerhaus* mit über Eck gestellten Giebeln und Erkern.

Die ***Pfarrkirche zu Unserer Lieben Frau* legt bis heute Zeugnis ab von der Quelle des einstigen Reichtums des Marktfleckens: Die gotische Hallenkirche, die größte Tirols, ist mit etwa 15 000 Kupferplatten gedeckt. Wegen des ständig wachsenden Zustroms an Bergleuten mußte der Bau 1490, nur zwölf Jahre nach seiner Vollendung,

Besonders schöne Glaswaren werden in Rattenberg hergestellt.

Hübscher Blickfang an einer Scheune im Alpbachtal.

Vielleicht die schönste Tiroler Burg: Schloß Tratzberg.

Das Königinzimmer auf Schloß Tratzberg.

auf die doppelte Größe erweitert werden und steht seitdem als das gesamte Stadtbild dominierende Doppelkirche da. Tatsächlich waren es damals zwei Kirchen in einer, denn die Knappen und die Bürger bildeten je eine eigene Gemeinde und wollten ihren Gottesdienst unter sich feiern. So lief bis 1858 längs durch das Gebäude eine Holzwand und trennte es in eine südliche und eine nördliche Hälfte mit je einem eigenen Chor. Die Blütezeit der Bergwerksstadt sorgte für eine reiche Ausstattung: eine marmorne Maßwerkbalustrade an der Westempore (1518–1520), eine kleine Marienstatue von 1410, den Grabstein Christian Tänzls (1491) und ein fein gearbeitetes Bronze-Epitaph für Ulrich Fugger. Nicht weniger sehenswert ist die spätgotische *Franziskanerkirche* mit dem Kloster, dessen Kreuzgang mit Szenen aus dem Leidensweg Christi ausgemalt ist. Von den Malereien haben sich zwar nur noch die Vorzeichnungen erhalten, diese aber sind in ihrer verhaltenen Farbigkeit und graphischen Ausdruckskraft um so bemerkenswerter.

Eine Fahrt ins * *Schaubergwerk* im ehemaligen Sigmund-Erbstollen von 1491 sollten Sie einplanen: Unter dem Kellerjoch und seinen Vorgebirgen erstreckt sich ein gewaltiges verzweigtes System von Stollen und Schächten, engen Gängen und weiten Hallen; es umfaßt eine Höhe von 1350 m. Mit einer Grubenbahn fährt man in den Berg ein und wandert dann unter kundiger Führung (90 Min.) an Zeugnissen des Bergbaus, Schaubildern und nachgestellten Szenen vorbei, die ein Bild von der schweren und gefahrenreichen Arbeit der Knappen vermitteln (🕓 tgl. 8.30–17 Uhr, im Winter tgl. 9–16 Uhr).

ℹ Tourismusverband Schwaz-Pill, Franz-Josef-Str. 26, 6130 Schwaz, ☎ (0 52 42) 6 32 40, FAX 6 56 30.
🚆, 🚌

Ⓗ **Bio-Aktiv-Hotel Grafenast,** Pillbergstr. 205, 6130 Pill, ☎ (0 52 42) 6 32 09, FAX 6 32 09-99. Kleines Berghotel auf 1330 m Höhe mit Naturküche, Sauna, Freibad. $$

Gasthof Brücke, Andreas-Hofer-Str. 3, ☎ (0 52 42) 6 32 39, FAX 6 56 61. Seit 400 Jahren solide Gastlichkeit. $

Ⓡ **Gasthaus zum Hirschen,** Hussl-str. 39, ☎ (0 52 42) 6 51 26. Altes Bauernwirtshaus mit traditionsbewußter, aber engagierter Küche. Selbstgebrannte Schnäpse. $$

In *Wattens* entwarf der Künstler André Heller die *Swarowski-Kristallwelten,* ein in den Berg hineingebautes glitzerndes Traumreich, auf der Schwebe zwischen Kunst und Kitsch (🕓 Mo–Sa 8–18 Uhr, So, Fei 10–17 Uhr).

Volders, 83 km, wo unglücklicherweise hart an der Autobahn die auffällige *Karlskirche* (1620–1654) steht. Sie ist dem hl. Karl Borromäus geweiht und wurde in ihren ausladenden Formen von dem Arzt Hippolytus Guarinoni entworfen und erbaut. Das Gebäude wirkt mit seinen recht ungelenk aneinandergefügten Bauteilen und dem Schwelgen in Dreifaltigkeitssymbolen etwas exaltiert, seine Eigenartigkeit erregt aber auch Interesse.

* **Hall** (s. S. 34), 91 km, ist die letzte Station dieser Route, bevor man ** **Innsbruck** (s. S. 24), 101 km, erreicht.

Ein Arzt als Baumeister

Hippolytus Guarinoni (1571–1654) war auf vielen Gebieten tätig: Er war Stiftsarzt und Stadtphysikus in Hall, Verfasser einer „Ganzkörpermedizin", in der er Wandern und Bergsteigen als besonders nutzbringend für die Gesundheit empfahl, und Biograph einer Reihe von einheimischen und ausländischen Heiligen. Außerdem beschäftigte er sich mit Biologie und tat sich als Architekt und Baumeister hervor. Seine besondere Verehrung für Karl Borromäus, einen fanatischen Kämpfer der Gegenreformation, rührte von seiner persönlichen Bekanntschaft mit diesem machthungrigen Kirchenmann her.

Route 2

Ein zahmer und ein wilder Kaiser

Kufstein – St. Johann – Fieberbrunn – St. Ulrich am Pillersee – Kössen – Kufstein (102 km)

Das Kaisergebirge, das sich gleich hinter Kufstein erhebt und praktisch den nordöstlichen Abschluß Tirols bildet, gehört trotz seiner vergleichsweise geringen Höhe zu den markantesten Gebirgszügen des Landes. Während der „Zahme Kaiser" im Norden mit seinen sanften, runden Formen noch recht gemütlich wirkt (höchster Gipfel: Pyramiden-Spitze, 1997 m), steigen im Süden die Wände des „Wilden Kaisers" schroff und unvermittelt aus der freundlichen Almen- und Wiesenlandschaft des Unterinntals auf (höchster Gipfel: Ellmauer Halt, 2344 m). Ein höchst abwechslungsreiches Panorama also, weswegen man sich für diese Tagestour rund um den Kaiser gutes Wetter aussuchen sollte. (Karte S. 40/41.)

Von *Kufstein* (s. S. 38) aus geht es zunächst in das Tal der Weißache. Diese Gegend nannte man bis in die 50er Jahre hinein „Rußland", weil hier seit der Mitte des 19. Jhs. Mergel und Kalk gebrochen und gebrannt wurden, Grundstoffe für die Zementproduktion, die noch immer in der Region heimisch ist. Qualm und Staub aber, die dem Tal den Namen verliehen, sind längst abgezogen.

Beim Eiberger Hof, gegenüber der Einmündung nach Osterndorf, zweigt ein Wanderweg zum *Hintersteiner See* (hin und zurück ca. 4 Std.) ab, einem herrlich gelegenen, fischreichen Bergsee, in dessen klarem Wasser sich die Zacken des Kaisers spiegeln. Man geht die

Das Rathaus von Schwaz stammt aus dem frühen 16. Jh.

Auf der Westempore der Pfarrkirche von Schwaz.

Üppig in jeder Beziehung: die Karlskirche bei Volders.

Idyll am Kaisergebirge: der Hintersteiner See.

Straße hinauf zum Wirtshaus „Haberg", überquert den tief eingegrabenen Gaisbach, steigt am jenseitigen Ufer auf zum „Schmiedlwirt" und wandert weiter bis zur Stiegenmauer, über die ein sicherer Treppenweg, die *Steinerne Stiege,* zum „Seespitzwirt" hinaufführt. Von dort sind es noch zehn Minuten zum See.

St. Johann (6900 Einw.), 27 km, liegt verkehrsgünstig am Schnittpunkt mehrerer Täler. Recht behäbig wirkt der Ort im breiten Talgrund, malerisch überragt ihn das Kitzbüheler Horn im Süden und die Ackerlspitze im Nordwesten, an die sich die knapp 1300 m hohe Mauer des Niederkaisers anschließt. Viele barocke Häuser stehen hier noch, auch die stattliche, prächtig ausgestattete *Pfarrkirche Mariä Himmelfahrt* stammt aus dieser Epoche. Etwas westlich der Ortsmitte, in der Weitau, steht die *Spitalkirche zum hl. Nikolaus,* in der sich aus einem Vorgängerbau nicht nur Reste von gotischen Fresken erhalten haben, sondern auch (hinter dem Hochaltar) das älteste gotische Glasfenster Tirols sowie im Turm die älteste Glocke des Landes.

Wildschützen

Das Kaisergebirge zog mit seinem Reichtum an Hirschen, Gemsen und Steinböcken nicht nur begeisterte Jäger wie etwa Kaiser Maximilian I. an, sondern stets auch viele Wilderer, die es besonders auf die Steinböcke abgesehen hatten. Diesen Tieren schrieb man eine besondere Heilkraft zu, vor allem ihrem Blut, der Galle sowie den fein geraspelten Hörnern. Bereits 1490 wurde über den alarmierenden Rückgang der Steinböcke geklagt und ihre Jagd streng verboten. Wilderer, die dennoch erwischt wurden, zog man zum Militärdienst ein oder verstümmelte sie. Freilich ging es nicht nur um den Erhalt der Steinböcke, sondern auch darum, daß das Wildererunwesen frech die Autorität der Obrigkeit untergrub. Schließlich erwog man sogar, die Steinböcke allesamt abzuschießen, um so der unerlaubten Jagd den Boden zu entziehen.

🛈 Tourismusverband, Postfach 114, 6380 St. Johann, ☎ (0 53 52) 6 22 18, 33 55-0, FAX 6 52 00.
🚆, 🚌

Ⓡ **Rummlerhof,** Hinterkaiserweg 68, ☎ (0 53 52) 6 36 50. Ausflugsgasthaus in einem alten Erbhof mit angeschlossener Landwirtschaft. Bodenständige Küche; jedes Jahr im September wird hier der Meister im Hufeisenwerfen ermittelt. ($)

Fieberbrunn (4000 Einw.), 39 km, hat seinen Namen nach den heilkräftigen Schwefelquellen erhalten, die bereits die letzte Tiroler Herzogin, Margarethe Maultasch, vom Fieber befreit haben sollen. Auf dem Fieberbrunnen steht ihr Denkmal. Bedeutung aber hat der Ort durch den Abbau von hochwertigem Eisenerz erlangt, der bis in den Anfang des 20. Jhs. hinein betrieben wurde.

An den westlichen Ausläufern der Loferer Steinberge liegt

St. Ulrich am Pillersee (1200 Einw.), 49 km. Der Pillersee verdankt seinen Namen dem Umstand, daß er bei herannahendem Unwetter angeblich „pillert", d. h. brüllt. An seinem Westufer verläuft ein schöner Wanderweg nach *St. Adolari* (ca. 45 Min.); das alte Wallfahrtskirchlein (heutiger Bau 15. Jh.), birgt im Chorgewölbe den größten gotischen Marienzyklus in Nordtirol (um 1440).

Weiter geht es Richtung *Erpfendorf* und von dort in großem Bogen nach Norden, auf die nicht weniger malerische Seite des Zahmen Kaisers. Lifte und Seilbahnen erschließen die Hänge heute für Skifahrer; zusammen mit Langlaufloipen, Eisbahnen, Saunen und Solarien machen sie dieses Gebiet zu einem Wintersportparadies.

Kössen (3400 Einw.), 77 km, hingegen ist für andere Sportarten weithin bekannt: Drachenfliegen und Paragliding.

Hier werden nicht nur Kurse für Anfänger angeboten, sondern auch „Passagierflüge" vom Unterberg, bei denen man von einem erfahrenen Flieger mitgenommen wird – ein prickelndes Erlebnis (s. S. 20).

3 km nördlich, unterhalb einer engen Klamm, dem Entenloch, steht beim „geklobten" (gespaltenen) Stein die Wallfahrtskapelle *Maria Klobenstein* mit einem Gnadenbild. An den Bau schließt sich eine Loretokapelle mit Rokokostukkaturen an.

Nicht weit von Kössen bedeckt der warme moorige *Walchsee* heute nur noch einen Bruchteil der Fläche, die er einst eingenommen hat. Nördlich der Straße hat er das größte Moor Tirols hinterlassen, ein Rückzugsgebiet seltener, anderswo bereits ausgestorbener Pflanzen (Glanzkraut, Weichkraut, Seerosen u. a.) und Tiere (Bekassine, Teichhuhn, Großer Brachvogel u. a.).

Durchholzen und Ebbs sind die letzten Stationen, bevor man den Ausgangspunkt unserer Tagesfahrt,

Kufstein (s. S. 38), 102 km, erreicht.

Schlicht, aber schön: die Antoniuskapelle im Kaisertal.

Paraglider am Unterberg bei Kössen.

Wanderung durch das *Kaisertal

Vom Kufsteiner Ortsteil Sparchen führt eine geradezu klassische Wanderung durch das Kaisertal, das die Ketten von Wildem und Zahmem Kaiser voneinander trennt, zum Berggasthof „Hinterbärenbad" (hin und zurück ca. 5 Std.). Während man selbst ganz gemütlich im Tal bleibt, hat man einen wunderbaren Blick auf die aus hellem, festem Wettersteinkalk und bröckeligem, dunklem Dolomit bestehenden Felswände, die seit Jahrzehnten die Kletterschule zahlreicher Bergsteiger sind. Routen aller Schwierigkeitsgrade, vom gesicherten Klettersteig bis zur kompliziertesten Kletterführe, durchziehen das Massiv. Nach einem Anstieg von etwa 300 Höhenmetern geht es nahezu eben durch den romantischen Talgrund, über dem die prominentesten Gipfel und Grate des Massivs aufragen: Fleischbank, Kopftörl, Ellmauer Halt, Totenkirchl. Auf dem Weg passiert man die *Tischoferhöhle*, in der zahlreiche etwa 30 000 Jahre alte Skelette von Höhlenbären, Wölfen, Füchsen, Hyänen und Rentieren gefunden wurden, aber auch Spuren von Menschen, die hier in der frühen Bronzezeit Unterschlupf fanden (Ausstellung im Heimatmuseum Kufstein, s. S. 42). Ein Stück weiter steht die schlichte *Antoniuskapelle*, eines der Wahrzeichen des Gebirges, wenn nicht gar Tirols. Die Wanderung läßt sich zur Zweitagestour ausbauen, wenn man von „Hinterbärenbad" weiter über das Stripsenjoch nach St. Johann läuft.

Route 3

Die Prominenten: „Kitz" und *Zillertal

Wörgl – Hopfgarten – Kitzbühel – ** Krimmler Wasserfälle – Zell am Ziller (– Mayrhofen) – Jenbach (159 km)

3

Diese Route führt in weitem Bogen durch zwei der bekanntesten Täler der Tiroler Bergwelt, das Kitzbüheler und das Zillertal, und nimmt als besonderes Schmankerl noch ein weltberühmtes Ausflugsziel im benachbarten Bundesland Salzburg mit: die Krimmler Wasserfälle. Selbst wenn man den Spaziergang zu den Wasserfällen einplant, ist die Rundfahrt gut an einem Tag zu schaffen; auch für ein gemütliches Bummelwochenende mit Wanderungen und Ausflügen bietet sie sich an. (Karte S. 40/41.)

Bei *Wörgl* im Inntal zweigt nach Osten das *Brixental* ab, eine breite, grüne Senke zwischen den Ausläufern des Kaisergebirges im Norden und den Kitzbüheler Alpen im Süden. Die sanft gerundeten Berge, die meist unterhalb der 2000-m-Marke bleiben und bis oben mit Wald überzogen sind, bilden im Winter ein ausgedehntes Skigebiet für Familienabfahrten. Nach Süden führen immer wieder stille Täler bis ins Herz der Kitzbüheler Alpen hinein, darunter das romantische Hochtal der *Wildschönau,* das für seine stattlichen Bauernhöfe bekannt ist.

Kurz vor Hopfgarten treten die Berge zum ersten Mal nah an die Straße heran. Links steht auf einem Felssporn *Schloß Itter,* eine Burganlage, deren Geschichte bis auf das 13. Jh. zurückgeht. Ihr heutiges Aussehen ist jedoch das Ergebnis eines fast vollständigen Neubaus des späten 19. Jhs., als man mit Zinnen und Türmchen gern die „romantische" Ritterzeit beschwor.

Hopfgarten (5100 Einw.), 10 km, ist der erste größere Ort des Tals. Hier führt die Straße in einer scharfen Kurve um das „Gasthaus zur Traube" mit farbenfroher Lüftlmalerei und die prächtige Barockkirche *St. Jakob und Leonhard* (1758 bis 1766) herum. Mit ihrer hohen Fassade und dem geschweiften Giebel wirkt das Gotteshaus viel bedeutender, als es einem so kleinen Ort zuzukommen scheint. Vor allem die vielen verschieden geformten Fenster und die beiden Türme verleihen ihm ein würdevolles Aussehen.

Die markante *Hohe Salve,* zu deren Füßen Hopfgarten liegt, hatte schon bei den Kelten als Kultstätte Bedeutung, ja man fand nahe dem Gipfel sogar ein Schwert und zwei Beile aus der Bronzezeit. Heute steht auf dem Gipfel eine kleine *Wallfahrtskapelle.* Die vielen Besucher, die sich im Winter hier oben drängen, sind aber mehr an der herrlichen Aussicht auf den Kaiser und das Rofangebirge und an den zünftigen Abfahrtspisten interessiert als an einer Fürbitte des hl. Johannes. Das *Skigebiet Hohe Salve,* das bis hinüber ins Tal von Ellmau reicht, ist mit dem der benachbarten Orte Westendorf und Brixen zu einem großen Verbund zusammengeschlossen.

Hinter Hopfgarten muß man eine im Winter von Wohnwagenfahrern gefürchtete Steilstufe überwinden, neben der rechts in eindrucksvollem Schwall das Wasser der Windauer Ache herunterschießt.

Kirchberg (4200 Einw.), 24 km, ist ebenfalls ein beliebter Wintersportort, von dem aus das gesamte Skigebiet am Pengelstein und am Hahnenkamm zu erreichen ist. Der Ort wirkt bereits etwas städtischer als die umliegenden Dörfer, aber nicht so überlaufen wie das benachbarte Kitzbühel. Daß der Fremdenverkehr hier schon relativ früh Fuß gefaßt hat, zeigt ein Gang durch Kirchberg. Zwischen den Neubauten im üblichen aufdringlichen „Tirolerstil" lassen sich noch mehrere ältere Häuser und Geschäfte aus den 20er Jahren entdecken, die mit Balkonen und den früher sehr beliebten „Salettln", luftigen Veranden aus hölzernem Gitterwerk, geschmückt sind.

Verkehrsamt, 6365 Kirchberg, (0 53 57) 23 09, 26 88, FAX 37 32.

Romantic-Landhaus Alt-Wötzing, Wötzing 21, (0 53 57) 29 28. Wie der Name sagt: romantisches altes Bauernhaus, Nichtraucher, nahe der Fleckalmbahn. $

Kirchenwirt, Neugasse 14, (0 53 57) 28 52-0, FAX 37 73. Ausgezeichnete Wildspezialitäten aus eigener Jagd. $

Einladende Farbenfreude: „Gasthaus zur Traube" in Hopfgarten.

Bei Kirchberg mündet das *Spertental*, eines jener vor allem im Sommer überraschend stillen Seitentäler, die man in Tirol immer wieder findet und in dem noch nahezu ursprünglich erhaltene Bauernhöfe stehen. An der Oberlandhütte kurz hinter *Aschau*, dem einzigen Ort des Tals, beginnt der Aschauer Höhenweg, der entlang den Flanken von Schwarzkogel und Kleinem Rettenstein bis zum Stangenjoch führt, das dem Wanderer im Osten den ganzen Pinzgau zu Füßen legt (hin und zurück ca. 6 Std.).

Eine Burg wie aus dem Bilderbuch: Schloß Itter.

Nicht weit außerhalb Kirchbergs endet das Brixental an seinem höchsten Punkt; nun geht es ganz sacht bergab ins Tal der Kitzbüheler Ache, die aus der Aschau kommt und über Kitzbühel und St. Johann der Großache zufließt.

Kitzbühel (8000 Einw.), 30 km, ist einer der bekanntesten und mondänsten Wintersportorte der Alpen. Bereits im zweiten Jahrtausend v. Chr. wurde hier Eisenerz abgebaut, und bis ins 19. Jh. hinein waren Bergwerke in Betrieb. Heute verdankt Kitzbühel seinen Ruhm einem leichter zu gewinnen-

Im stillen, wenig touristischen Spertental.

den Rohstoff: dem Schnee, der die Stadt um die Jahrhundertwende zu einem der ersten Skiparadiese kürte. Im *Heimatmuseum* wird die Karriere des Orts nachgezeichnet (Mo–Sa 9–12 Uhr).

Kitzbühel teilt sich in seinem Zentrum in Vorder- und Hinterstadt, zwei in etwa parallel verlaufende, langgestreckte Plätze, an denen die wichtigsten Gebäude und nobelsten Hotels stehen. Am Schnittpunkt erhebt sich der Kirchbühel mit dem Friedhof. Hier stehen weithin sichtbar gleich zwei Kirchen beieinander: Die *Pfarrkirche St. Andreas,* eine massige spätgotische Hallenkirche aus dem Jahr 1435, die später barock ausgestattet wurde, besitzt einen überraschend schlanken und grazilen Turm; er würde eher zu der nur ein paar Schritte entfernten *Liebfrauenkirche* passen, einem kleinen zweigeschossigen Bau (1373), der von seinem im 16. Jh. aufgesetzten Turm fast erdrückt wird.

Was jedoch die meisten Besucher nach Kitzbühel zieht, sind die Golf- und Tennisplätze, die Pisten am Hahnenkamm und am Kitzbüheler Horn, der Drink in der „Tenne" oder im „Goldenen Greif" (um nur die berühmtesten Nobellokale zu nennen) sowie die elegante Atmosphäre des Orts. Die Nähe zu München hat viele geldschwere Prominente angezogen, die hier in ihren mehr oder weniger geschmackvollen Landhäusern residieren.

Wer etwas mehr Natur zu sehen wünscht oder aber mit Kindern unterwegs ist, besucht entweder den *Schwarzsee,* im Sommer ein beliebter Badesee, oder aber den *Wildpark Aurach,* der neben in den Alpen beheimateten Tieren auch ein paar Lamas und Yaks zeigt.

Tourismusverband, 6370 Kitzbühel, (0 53 56) 2 15 50, 23 07.

Hotel Schloß Lebenberg, Lebenbergstr. 17, (0 53 56) 43 01, 44 05. Nobel wohnen hoch über dem Ort. $$

Hotel-Gasthof Schwarzer Adler, Florianigasse 15, (0 53 56) 22 86, 7 39 39. Großes Haus, zentral. $$

Alpenhotel Kitzbühel, Schwarzsee 37a, (0 53 56) 42 54-0, 4 25 43 33. Gemütliches Haus am See. $$

Berggasthof Einsiedelei, Schattberg 25, (0 53 56) 23 78. Einfacher, netter Gasthof weitab vom Rummel. $

Schwarzsee, Reiterstr. 24, (0 53 56) 28 06.

Schwedenkapelle, Klausenbach 67, (0 53 56) 58 70. Zwischen Kirchberg und Kitzbühel, feine Küche im Ambiente eines hölzernen Bauernhauses. $$

Sonnbergstub'n, Oberaigenweg 103, (0 53 56) 46 52, 46 52-10. Bodenständige, sorgfältig zubereitete Küche in einem Bergbauernhof. Die Wirtin kann auch jodeln. $

Tips für den Abend: **Take Five,** Hinterstadt 22. Motto: „In is, wer drin is"; Nachtklubpreise.

Fünferl, Franz-Reisch-Str. 1a. Nette Bar mit guter Musik.

Literaturtip: das hintergründige Buch „Eichkatzelried" von Herbert Rosendorfer, in dem er das Kitzbühel seiner Jugend beschreibt.

Weiter Richtung Paß Thurn erreicht man *Jochberg,* ein weit verstreutes Dorf, in dem noch bis vor wenigen Jahrzehnten Kupfererz gewonnen wurde. Das *Schaubergwerk Kupferplatte* erinnert an das alte Gewerbe (Führungen tgl. 9, 10, 11, 13, 14, 15, 16 Uhr).

Der *Paß Thurn* (1274 m) führt hinüber nach *Mittersill* im Pinzgau, das zum Salzburger Land gehört. Dem Tal der Salzach aufwärts folgend, erreicht man bald eines der größten Naturdenkmäler der Alpen, die

****Krimmler Wasserfälle,** 92 km (Mautstraße). Hier fällt die Krimmler Ache, die aus den Gletschern der Dreiherrenspitze in der Venedigergruppe entspringt, in drei Stufen in das Krimmler Becken hinab. Der bequeme, gut ausgebaute Wasserfallweg mit zahlreichen Aussichtskanzeln führt bis zum obersten Wasserfall (ca. 1 Std.) und von dort aus weiter zum alten „Krimmler Tauernhaus“, einem seit 1437 bezeugten Wirtshaus, dessen altersdunkle holzgetäfelte Stube mit allerlei Inschriften aus dem 16. Jh. stammt. Die Wasserfälle sind allerdings eines der beliebtesten Ausflugsziele im Rahmen von Bus-Tagesfahrten: Man muß damit rechnen, daß Besucher in hellen Scharen hinaufstreben und der Naturgenuß ein Gemeinschaftserlebnis mit Tausenden ist.

In Serpentinen klettert man nun den Gerlos-Paß hinauf; versäumen Sie aber nicht, sich immer wieder umzuschauen (Parkplätze), um die Wasserfälle noch einmal in ihrer ganzen Pracht auf einen Blick zu erfassen. Schließlich sind die *Gerlosplatte*, ein Hochmoorgebiet, durch das schöne Wander- und Spazierwege führen, und der Speichersee *Durlaßboden* erreicht. Am Parkplatz beim Staudamm beginnt die schattenreiche, daher für Hochsommertage bestens geeignete Wanderung am Westufer entlang bis zum „Gasthaus Finkau“ (hin und zurück 3,5 Std.). – Das

* **Zillertal** ist weit über Österreichs Grenzen hinaus bekannt und beliebt, ja

Vorsicht: Naß

Mit einer Fallhöhe von ca. 380 m gehören die Krimmler Wasserfälle zu den sechs höchsten Fällen der Erde. Hier fließen durchschnittlich 10 000 l/s, zu Spitzenzeiten sogar 390 000 l/s. Im Juli, wenn das Eis der Gletscher am schnellsten schmilzt, schießt im Monatsmittel 30mal soviel Wasser zu Tal wie im Winter, denn dann sind die Fälle fast eingefroren. Auch im Tagesverlauf kann die Wassermenge beträchtlich schwanken: Nachts und morgens fließt weniger als etwa am frühen Nachmittag, wenn die Sonneneinstrahlung auf dem Gletscher am höchsten ist.

In Kitzbühel der populärste Sport: Golf.

Einfahrt in das Schaubergwerk Kupferplatte.

Ein höchst eindrucksvolles Naturschauspiel: Krimmler Wasserfälle.

3

es gilt vielen als das Tiroler Tal schlechthin. Der freundlich-breite, grüne Talgrund, von dem aus sich die Wiesenhänge zum hellen, schroffen Fels und den gleißenden Gletschern der Zillertaler Alpen hinaufschwingen, hat für viele Urlauber aus dem Norden ihr Bild der Alpen geprägt. Der Fremdenverkehr ist seit 150 Jahren ein wichtiger Erwerbszweig, daher findet man neben Diskotheken und Fitneßstudios, die sich in den letzten Jahren hier breitgemacht haben, auch noch viele bodenständige Wirtshäuser und Pensionen.

Wenn Sie länger im Zillertal bleiben, sollten Sie unbedingt eine Fahrt mit der *Schmalspurbahn* einplanen. Schon seit 1902 durchmißt sie im gemütlichen Zuckeltempo das Tal in seiner vollen Länge von Jenbach im Inntal bis Mayrhofen, zweimal täglich sogar mit den alten Dampflokomotiven (Abfahrt ab Jenbach bzw. Mayrhofen stündlich, Dampflok ab Jenbach 10.30 und 15.30 Uhr, ab Mayrhofen 12.10 und 16.20 Uhr).

Etwas mehr Dramatik verspricht eine Autofahrt über die * *Zillertaler Höhenstraße* (Maut), die entlang der westlichen Talseite in bis zu 2050 m Höhe verläuft. Man muß schon ein wenig bergerfahren sein, um die Steigungen (bis zu 15 %) und Kurven der größtenteils einspurigen Straße ohne Herzklopfen zu bewältigen, dafür genießt man aber auch eine traumhafte Aussicht auf die Gipfel der Kitzbüheler und Zillertaler Alpen. Die Mautstellen der Straße sind von den Orten Hippach, Zellberg, Aschau, Kaltenbach, Ried und Uderns aus zu erreichen.

Der Ziller war über Jahrhunderte hinweg Grenzfluß, zunächst zwischen den römischen Provinzen Raetien und Noricum, später, bis ins Jahr 1504, zwischen dem Habsburgerreich und dem Erzstift Salzburg. Erst 1816, im Verlauf der Napoleonischen Kriege, wurde das ganze Zillertal endgültig dem Land Tirol zugeschlagen, doch noch heute gehören die Pfarreien westlich des Ziller zum Bistum Innsbruck, die östlich davon zu Salzburg. Als sichtbares Zeichen dieser bis in die Gegenwart bestehenden Grenze tragen die „Innsbrucker" Kirchtürme rote, die „Salzburger" grüne Dächer.

Zell am Ziller (3300 Einw.), 130 km, ist der Hauptort des Tals und seit Jahrhunderten Sitz des Gerichts. Auch vom Fremdenverkehr profitiert Zell schon lange: Vor den Urlaubern, die sich jetzt sommers wie winters einfinden, waren es die Metzger und Wirte aus den großen Städten des Inntals, die sich hier regelmäßig zu den Viehmärkten trafen.

Die *Pfarrkirche St. Veit,* deren Geschichte bis ins 8. Jh. zurückgeht, mußte 1772–1779 neu aufgebaut werden, nachdem der Vorgängerbau von einer Mure verschüttet und dabei fast vollständig zerstört worden war. Nur der Turm, in dem sich ein gotisches Wandgemälde erhalten hat, blieb stehen.

ℹ Tourismusverband, 6280 Zell i. Zillertal, ☏ (0 52 82) 22 81, FAX 22 81-80. Bahn, Bus

Ⓗ **Erlebnis- und Sporthotel Theresa,** Bahnhofstr. 15, ☏ (0 52 82) 22 86-0, FAX 42 35. Tennisplätze, Fahrradverleih, Hallenbad mit einer Liegewiese. $$

Gaudi beim Gauderfest

An jedem ersten Wochenende im Mai feiert Zell das Gauderfest, ein Volksfest mit jahrhundertealten Bräuchen wie dem Ranggeln, einem bäuerlichen Ringkampf, dessen Sieger hohes Ansehen genießt, und einem Widderkampf. Man stärkt sich mit Gauderwürsten, einer speziellen Sorte von würzigen, fetten Rindswürsten, mit denen auch der Maibaum behängt wird, und mit dem extra gebrauten, starken Gauderbier. Höhepunkt des Festes ist der Gauderfestzug, der von den „Grasausläutern" begleitet wird, kleinen Buben, die mit Schellen und Glocken das Erwachen der Natur beschleunigen sollen.

Jörglerhof, Hainzenberg 33a, ☏ (0 52 82) 34 29, Fax 31 21. Ferienwohnungen und Zimmer, familienfreundlich. ($)

Abstecher

Mayrhofen (3600 Einw.), 8 km ab Zell, markiert das Ende des Zillertals. Es ist ein geschäftiger Fremdenverkehrsort, der sich mit einem großen Angebot an Skiliften, Langlaufloipen (zum Teil beleuchtet), Rodelbahnen und geräumten Winterwanderwegen ganz auf die „weiße Saison" eingerichtet hat. Hier laufen vier schmale Täler zusammen, die tief aus den Zillertaler Alpen herauskommen. Am bekanntesten ist sicherlich das *Tuxer Tal* mit dem Skifahrerparadies *Hintertux*. 1968 wurde mit dem Bau von Liftanlagen auf dem Tuxer Ferner das erste Tiroler Sommerskigebiet eröffnet, eine Pioniertat, über deren Sinn heute nicht nur Naturschützer den Kopf schütteln. Etwas ruhiger ist es im *Stilluptal,* in das ab dem Speicher Stillup (Bus ab Mayrhofen mehrmals tgl.) ein breiter, gemütlicher Wanderweg bis zur Grüne-Wand-Hütte führt (hin und zurück ca. 3 Std.).

Fügen (3700 Einw.), 147 km, ist neben Zell der wichtigste Ort des Zillertals. Hier steht die bedeutendste gotische Kirche dieses Gebiets: Die *Pfarrkirche Mariä Himmelfahrt* aus dem 14. und 15. Jh. wurde in der zweiten Hälfte des 18. Jhs. von Franz Xaver Nißl barock umgestaltet. Besonders bemerkenswert sind die beiden gotischen Portale an der Nordseite mit den kunstvoll geschnitzten Türen. Vom 15. bis zum 19. Jh. wurde in Fügen Eisenerz gefördert, besonders erfolgreich in den beiden ersten Jahrhunderten. So konnten sich die Knappen 1497 die gotische *St.-Pankraz-Kirche* erbauen und sie reich mit Fresken und Figuren schmücken lassen.

Über *Schlitters* und *Strass* kommt man schließlich wieder ins Inntal und nach *Jenbach* (159 km).

Blick von der Zillertaler Höhenstraße.

Gotisches Portal an der Pfarrkirche von Fügen.

Altes Dampfroß der Zillertaler Schmalspurbahn.

3

Route 4

Das blaue Auge Tirols

Achenpaß – * Achensee – Jenbach (47 km)

Mit Seen ist Tirol nicht gerade gesegnet. Um so größer ist die Anziehungskraft des Achensees. Lang – er mißt fast 10 km – und gekrümmt wie ein Hockeyschläger, füllt er die Furche zwischen Karwendel und Rofan aus. Man vergleicht ihn gern mit einem norwegischen Fjord, was zumindest hinsichtlich der meist ungemütlichen Wassertemperaturen eine Berechtigung hat. Ein paar gemütliche Stunden sind schon genug, um im Rahmen einer Anreise von Bayern nach Tirol die Schönheiten links und rechts der Achenseestraße zu bewundern. (Karte S. 40/41.)

Wer sich einen schönen autofreien Tag machen möchte, der läßt seinen Wagen bereits in Scholastika stehen und fährt mit dem Schiff über den ganzen See bis Seespitz. Von dort gelangt man mit der dampfbetriebenen Achenseebahn hinunter ins Inntal. Als Alternative besteht die Möglichkeit, vom Bahnhof Seespitz aus auf einem gut markierten Waldweg immer bergab ins Tal nach Jenbach zu gehen (ca. 2 Std.). Für den Rückweg bietet sich der Linienbus ab Jenbach an. (Achensee-Schiffahrt ab Scholastika nach Seespitz mehrmals tgl., Dauer ca. 1 Std.; Achenseebahn ab Seespitz sechsmal tgl., Dauer ca. 40 Min.; Kombinationsticket Bahn-Schiff; 🚌 ab Jenbach über Maurach nach Scholastika ca. 30 Min.).

Vom *Achenpaß* (940 m), der noch in Bayern liegt, fährt man hinunter in das breite Tal nach *Achenkirch,* das mit einer Sommerrodelbahn lockt. In *Scholastika* ist das Nordufer des * *Achensees* erreicht. Nun wird es eng an den Ufern des Gewässers, die Straße muß sich einmal sogar durch einen Tunnel zwängen. Dafür entschädigt der reizvolle Blick auf den tiefblauen See, in den die steilen Felswände hineinzustürzen scheinen. Nur an einer Stelle weichen die Bergflanken so weit zurück, daß Platz für ein Dorf (sogar mit Golfplatz) ist:

Pertisau (460 Einw.), 29 km, am gegenüberliegenden Ufer. Der nur von Maurach her zu erreichende Erholungsort ermöglicht den Zugang zum östlichen Karwendel. Eine nicht alltägliche Attraktion bietet sein *Steinöl-Schaubergwerk.* Das Steinöl (Ichthyol) wurde aus einer Schieferart gewonnen und war einst als Heilöl für Mensch und Vieh bei Verletzungen sehr geschätzt (🕓 tgl. außer Mo und Fr 10.30–14.30 Uhr; Führungen).

Eben (1750 Einw.), 36 km, besitzt eine schöne, der hl. Notburga geweihte *Pfarrkirche* (1736–1738). Die sterblichen Überreste der Heiligen, die bis heute in Tirol sehr verehrt wird, sind in einem gläsernen Schrein am Hochaltar ausgestellt. Die Wandgemälde zeigen Szenen aus dem Leben der Notburga, die stets mit einer Sichel dargestellt wird. Sie führte ein gottgefälliges Leben, wozu auch gehörte, daß sie beim Läuten der Ave-Glocken in der Arbeit innehielt und ein kurzes Gebet sprach. Als nun eines Tages das Heu eingefahren wurde und der Bauer zur Eile antrieb, weil ein Gewitter heraufzog, wollte er ihr diesen frommen Brauch untersagen. Da warf die Magd ihre Sichel in die Höhe und bat Gott zum Zeugen, daß sie recht tue, und siehe da, die Sichel blieb in der Luft hängen, als wäre sie angebunden.

Ins Inntal und nach *Jenbach* (47 km) hinunter geht es nun in kühnen Kurven. Bei der Kanzelkehre hat man einen herrlichen Blick über das Inntal und die bewaldeten Hänge des Rofans.

Pfarrkirche von Eben.

Route 5

Auf der alten Brennerstraße

** Innsbruck – Matrei am Brenner – Brenner (– * Stubaital) (37 km)

Sowohl die Brenner-Autobahn als auch die neue Brenner-Bundesstraße zweigen bei ** Innsbruck (s. S. 24) von der Inntalstrecke ab. Sie füllen das Wipptal mit Lärm und Gestank. Weit schöner, wenn auch recht kurvig, ist jedoch die alte Brennerstraße, die am Ufer der Sill entlangführt. Dabei berührt sie alte Straßendörfer, die noch Spuren früheren Wohlstands erahnen lassen. Der Tagesausflug läßt sich leicht zu einer Zweitagestour ausbauen, wenn man über den Brenner hinüberblinzeln will.

5

Matrei am Brenner (3600 Einw.), 21 km, ist der älteste Ort im Wipptal und hatte als eine der ersten Siedlungen Tirols – vermutlich schon in der Römerzeit – eine christliche Kirche. Lange Zeit bestand hier ein wichtiger Umschlagplatz. In den Laubengängen der stattlichen Häuser am Markt wurden die Waren gelagert, gewogen und verkauft, aus den Fenstern der hochgezogenen Erker konnte man die Straße gut überblicken. Glänzende Einkünfte verzeichneten auch die zahlreichen Wirte, die mit kunstvoll geschmiedeten Wirtshausschildern auf sich aufmerksam machten. Inzwischen haben die meisten ihrer Nachfahren den Gastbetrieb längst eingestellt, die Schilder aber sind geblieben.

Älter und interessanter als die etwas abseits stehende *Pfarrkirche* ist die *Johanneskirche,* in der das gotische Rippengewölbe und eine schöne Maßwerkbrüstung den Barockisierungsrausch überdauert haben.

ℹ Tourismusverband, 6143 Matrei, ☎ (0 52 73) 62 78, FAX 71 26.
🚆, 🚌

Ⓗ **Parkhotel,** ☎ (0 52 73) 62 69, FAX 67 00. Breites Sportangebot. ($)
Haus Steiner (Frühstückspension), ☎ (0 52 73) 63 86, FAX 63 86-34. Traditionsreicher Gasthof am Markt. $
Ⓡ **Gasthof Lamm,** ☎ FAX (0 52 73) 62 21. Rustikale Gastwirtschaft mit teils bodenständiger, teils ambitionierter Küche. ($)

Maria Waldrast liegt am Fuß der Serles, die Goethe den „Hochaltar von Tirol" nannte. Seit dem 15. Jh. erfährt die Wallfahrtsstätte großen Zulauf. Besonders das Gnadenbild lag den Tirolern stets am Herzen: 1941, als die Wallfahrt von den Nationalsozialisten aufgehoben wurde, brachte man es auf heimlichen Wegen bis nach Andernach am Rhein in Sicherheit; nach dem Krieg wurde es sofort wieder heimgeholt.

Am Eingang zum sonnenreichen Navistal steht die

***Burgruine Aufenstein,** die bereits 1335 zerstört wurde. Aus den Resten der Festung baute man später auf dem Schloßhügel die Kirche *St. Katharina,* deren kostbarstes Ausstattungsstück, eine frühgotische Holzgruppe Mariä Verkündigung, heute im Pfarramt von Matrei aufbewahrt wird. Immerhin handelt es sich um die älteste Holzplastik Tirols. Von der Burg selbst blieb nur die *Kapelle* erhalten, die, weil man nichts Besseres mit ihr anzufangen wußte, im 19. Jh. als Schule diente.

Im Jahr 1909 blickte die Lehrerin zufällig hinter die Holzvertäfelung ihres Klassenraums und entdeckte dabei Reste von Wandmalereien. Weil dem Gemeinderat damals aber ein intaktes Schulzimmer wichtiger war als eine Wand voll alter Bilder, konnten diese erst freigelegt werden, als die Aufensteiner 1953 ein neues Schulhaus bauten und die Kapelle nicht mehr brauchten. Heute sind sie freilich nicht wenig stolz darauf, die bedeutendsten frühgotischen Fresken Nordtirols zu besitzen.

Steinach am Brenner (3250 Einw.), 26 km, liegt am Eingang des Gschnitztals in das Tal der Sill. Ganz untypisch für Tirol ist die neoromanische *Kirche*. Das Innere jedoch ist fast noch ganz barock erhalten, z. B. die Altarbilder von dem zu seiner Zeit berühmten Maler Martin Knoller. Sehr viel älter ist die hoch im Gschnitztal gelegene *Magdalenenkapelle*, eine Einsiedelei und einst bedeutende Wallfahrtsstätte, deren Geschichte weit in vorchristliche Zeit zurückreicht, als der Ort Kultstätte für ein Quellheiligtum war. An den Wänden des heutigen gotischen Baus hat man Fresken aus dem 13. und 15. Jh. entdeckt.

Mag der Verkehr auch noch so sehr durch das Wipptal röhren, in den Seitentälern, wie im *Schmirntal* und im *Valsertal*, wird es immer stiller. Diese beiden Täler mit ihrer jahrtausendealten Geschichte der Bergbauern- und Almwirtschaft – wegen des rauhen Klimas kann nur wenig Ackerbau betrieben werden – sind heute teilweise als Naturschutzgebiet ausgewiesen. Sie bieten die reizvolle Alternative, den Rest der Strecke bis fast zur Brenner-Paßhöhe zu Fuß zurückzulegen.

Von St. Jodok führt ein schöner Weg ins Valsertal hinein bis zum „Gasthaus Steckholzer", dort geht es links um den Padauner Kogel herum und über den Padauner Sattel hinunter zum Brennersee (ca. 3,5 Std.).

Selbst in der Abgeschiedenheit der beiden Täler, genauer in *Schmirn* (8 km ab Steinach), erbaute der unermüdliche Franz de Paula Penz eine Pfarrkirche und ließ sie von Anton Zoller und dessen Sohn Josef Anton ausstatten.

Der letzte Ort vor der Paßhöhe ist *Gries am Brenner*. Kurz davor, in *Nößlach*, steht gut sichtbar die * *Kirche zum hl. Jakobus*, ein trutziger romanischer Bau von 1350 mit einem schönen geschnitzten Altar. Wegen seiner exponierten Lage war das Gotteshaus einst Glied einer Signalkette, die über den Brenner einfallende Feinde in kürzester

Die Wirtshausschilder in Matrei belegen die guten Einkünfte der Gastwirte.

Selbst auf einem Hochaltar: St. Magdalena im Gschnitztal

Im Valsertal.

5

Zeit melden und die Tiroler Schützen alarmieren konnte. Der nächste Punkt dieser Kette war die etwas höher an der Paßstraße befindliche, nicht minder eindrucksvolle Kirche * *St. Sigmund und Christophorus am Lueg* aus der Mitte des 15. Jhs., die zu einer befestigten Zollstelle gehörte. – Am

Brenner-Paß (1374 m), 37 km, schließlich, der Grenzstation zwischen Österreich und Italien, herrscht so viel Verkehr wie kaum irgendwo sonst in Europa. Hier befindet sich die größte Bahnanlage Südtirols, eine gigantische Gütertransport-Abfertigung. Kein Ort, um sich aufzuhalten.

Abstecher

Auf dem Rückweg kann man bei *Schönberg* einen Abstecher ins

* **Stubaital** unternehmen. Das Zuckerhütl (3507 m), das sich an seinem Ende aufbaut, ist die höchste Erhebung der Stubaier Alpen, die die grandiose Naturkulisse des Tals bilden. Sie gehören bereits zum Alpenhauptkamm, nicht weniger als 71 Dreitausender streben mit ihren teils vergletscherten Gipfeln himmelwärts.

Schon im vorigen Jahrhundert haben kühne Alpinisten die meisten der Gipfel bezwungen. Kurz nach der Jahrhundertwende erfuhr der aufkommende Fremdenverkehr eine besondere Förderung durch den Bau der * *Stubaitalbahn,* einer Schmalspurbahn, die von Wilten nach Fulpmes verkehrt. 1904 wurde sie eröffnet, und trotz wiederkehrender Gerüchte über ihre Einstellung fährt sie bis heute auf einer einzigartig schön angelegten Trasse. In ihren Anfängen diente sie übrigens nicht allein dazu, Fremde ins Tal zu bringen, sondern war auch interessant für die weithin berühmte Stubaier Kleineisenindustrie, die bereits seit dem 13. Jh. besteht. Die Erzeugnisse der Eisenschmieden hatten bis zur Eröffnung des Bahnbetriebs in Kraxen aus dem Tal gebracht werden müssen. In ihren ersten Jahren galt die Stubaitalbahn, eine der ersten elektrisch betriebenen Eisenbahnen, als technisches Wunderwerk.

Telfes (1000 Einw.), 4 km ab Schönberg, war einst der Hauptort des Stubaitals und Sitz des Gerichts sowie der Pfarrstelle. Die * *St.-Pankraz-Kirche* wurde Mitte des 18. Jhs. von Franz de Paula Penz erbaut, sie gehört zu seinen schönsten Werken. Von 1753 bis zu seinem Tod 1772 war er hier Pfarrer, sein Grabstein ist im Chor der Kirche zu sehen. – Auch die Kirche von

Fulpmes (3600 Einw.), ein Kilometer weiter, ist unter der Leitung von Franz de Paula Penz erbaut worden (1746 bis 1747); der Stukkateur Anton Gigl stattete sie meisterhaft aus. Das Wintersportrevier Fulpmes hat heute Telfes den Rang abgelaufen. Einst aber war es vor allem das Dorf der Schmieden: Als die Berge keine Rohstoffe mehr hergaben, verlegten sich die Bergknappen

Zum Ruhme Gottes

Der Pfarrer Franz de Paula Penz, 1707 in Navis geboren, erwarb sich seinen Ruhm durch handfeste Arbeit in Gottes Namen. Zwischen 1737 und seinem Todesjahr 1772 errichtete er über ein Dutzend Kirchen, die meisten davon im Wipptal und seinen Seitentälern. Seine berühmteste aber, die Pfarrkirche von Wilten, steht in Innsbruck. Stets behielt er Planung, Finanzierung und Bauaufsicht selbst in der Hand, für die Ausführung hatte er einen Stamm von bewährten Bauarbeitern, darunter mehrere Frauen, die mit ihm von Baustelle zu Baustelle wanderten. Auch wußte er Dorfbewohner zur Mithilfe zu motivieren. Darüber hinaus verstand er es, hochrangige Künstler für die Ausstattung zu verpflichten. Etwaigen Einsprüchen der Baubehörden, die dem begabten Amateur mißtrauten, begegnete er dadurch, daß er Tatsachen schuf: Keiner baute so schnell wie er.

auf das Schmiedehandwerk, der wasserreiche Schlickerbach lieferte die Energie. Die älteste Werkstatt entstand bereits 1413. Vor allem Geräte und Werkzeuge des täglichen Bedarfs wurden hier hergestellt: Schöpf- und Schaumlöffel, Wiegemesser, Fleischgabeln, Kaffeemühlen und Fleischklopfer, Reiben, Pinzetten, Pfannenwender, Kuchenformen, Krauthobel und Topfuntersetzer. Die Stubaier Kleineisenindustrie besaß einen guten Ruf, Hausierer vertrieben die Erzeugnisse in ganz Österreich, in Süddeutschland und in der Schweiz.

Im *Schmiedemuseum* kann man nicht nur die Produkte, sondern auch eine vollständig eingerichtete Arbeitsstätte besichtigen (🕓 tgl. 14–17 Uhr).

ℹ Tourismusverband, 6166 Fulpmes, ☎ (0 52 25) 6 22 35, FAX 6 38 43. Stubaitalbahn ab Innsbruck-Wilten.

Aktivhotel Donnerhof, Waldrasterstr. 8, ☎ (0 52 25) 6 27 43, FAX 6 28 45 20. Alles, was das Sportlerherz begehrt. $$

Hotel Garni Hubertus, Medrazerstr. 20, ☎ (0 52 25) 6 22 94, FAX 6 27 41. Angenehmes Ambiente. $$

Pension Bruggerhof, Bahnstr. 35, ☎ FAX (0 52 25) 6 22 87. Freundliche Unterkunft. $

Neustift (3800 Einw.), 11 km ab Schönberg, ist flächenmäßig die drittgrößte Gemeinde Österreichs und sogar eineinhalbmal so groß wie Liechtenstein. Doch fast die Hälfte ist Gletscher und Fels. Hier verbrachte Franz Senn, der Mitbegründer des Deutschen Alpenvereins, seine letzten Lebensjahre. Sein Grab befindet sich auf dem Friedhof, ein Denkmal ehrt sein Werk.

Der letzte Ort des Tals ist *Ranalt* (22 km ab Schönberg), doch ist hier die Straße noch nicht zu Ende. Über die Stubaier-Gletscherbahn-Straße erreicht man die Mutterberg-Alm, die auf 1728 m Höhe liegt. Hier ist die Talstation der Stubaier Gletscherbahn, die ein ganzjährig betriebenes Skigebiet erschließt.

Romanisches Erbstück: Kirche zum hl. Jakobus in Nößlach.

Die St.-Pankraz-Kirche in Telfes.

Historische Arbeitswelt: im Schmiedemuseum von Fulpmes.

5

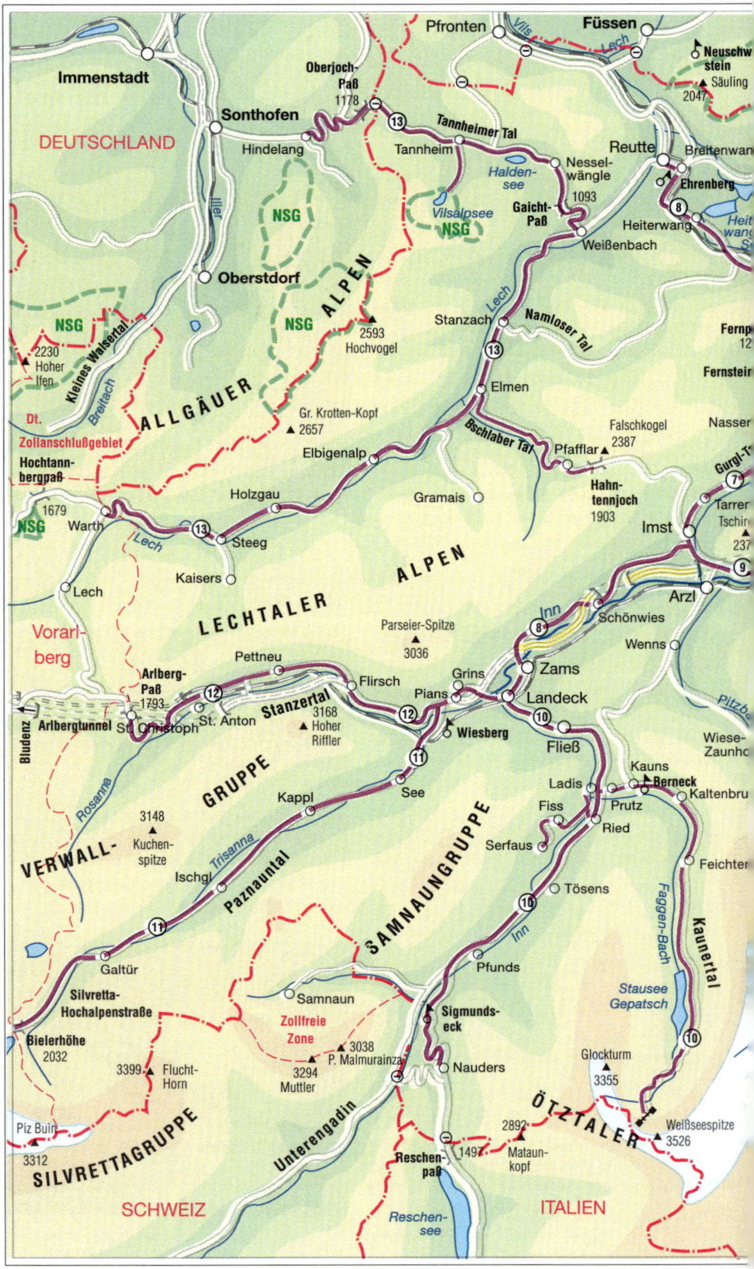
Pfronten
Füssen
Vils
Lech
Neuschwanstein
Säuling
2047
Immenstadt
Oberjoch-Paß
1178
Sonthofen
Tannheimer Tal
Tannheim
Hindelang
DEUTSCHLAND
Reutte
Breitenwang
Nesselwängle
Haldensee
Ehrenberg
1093
Iller
NSG
Vilsalpsee
Gaicht-Paß
Heiterwang
Heiterwanger See
Weißenbach
Oberstdorf
ALLGÄUER ALPEN
Lech
Stanzach
Namloser Tal
Fernpaß
NSG
2593
Hochvogel
2230
Hoher Ifen
Kleines Walsertal
Breitach
Elmen
Fernstein
Nassereith
Dt. Zollanschlußgebiet
Gr. Krotten-Kopf
2657
Falschkogel
2387
Bschlaber Tal
Pfafflar
Hochtannbergpaß
Elbigenalp
Gurgl-Tal
Hahntennjoch
1903
Holzgau
Gramais
Tarrenz
1679
Warth
Imst
Steeg
Lech
Kaisers
LECHTALER ALPEN
Arzl
Lech
Inn
Schönwies
Vorarlberg
Parseier-Spitze
3036
Wenns
Pettneu
Zams
Arlberg-Paß
1793
Flirsch
Grins
Pians
Landeck
Arlbergtunnel
St. Christoph
St. Anton
Stanzertal
3168
Hoher Riffler
Wiesberg
Fließ
Pitzbach
Wiese-Zaunhof
Bludenz
Kauns
Berneck
Ladis
Prutz
Kaltenbrunn
Rosanna
VERWALL-GRUPPE
Kappl
See
Fiss
Ried
3148
Kuchenspitze
Serfaus
Feichten
Trisanna
Ischgl
Paznauntal
SAMNAUNGRUPPE
Tösens
Faggen-Bach
Kaunertal
Inn
Galtür
Pfunds
Silvretta-Hochalpenstraße
Samnaun
Stausee Gepatsch
Sigmundseck
Zollfreie Zone
Bielerhöhe
2032
3038
P. Malmurainza
3399
Flucht-Horn
3294
Muttler
Nauders
Glockturm
3355
ÖTZTALER
Piz Buin
3312
2892
Weißseespitze
3526
SILVRETTAGRUPPE
Unterengadin
Reschenpaß
1497
Mataunkopf
SCHWEIZ
ITALIEN
Reschensee

5

ROUTEN 5-13
0 10 km
DEUTSCHLAND
Oberau
Naturschutz-
gebiet
Loisach
Garmisch-
Partenkirchen
Krün
Isar
Eibsee
Mittenwald
Naturschutz-
gebiet
Riß-Bach
Zugspitze
2961
NSG
WETTERSTEINGEBIRGE
Ler-
moos
Ehrwald
Leutasch
Scharnitz
Isar
2749
Birkkar-
spitze
Biberwier
KARWENDELGEBIRGE
MIEMINGER GEBIRGE
2659
Hohe
Munde
Seefeld
Gr. Bettelwurf
2725
Mieming
Telfs
Reith
Thaur
Absam
Obsteig
Inn
Zirler Berg
1009
Zirl
Martinsbühel
INNSBRUCK
Rum
Hall
Volders
Inn
Stams
Tirol
Haiming
Oberperfuss
Sistrans
Igls
NSG
2246
Patsch
Patscherkofel
Kühtai
Sautens
Oetz
Habichen
St. Sigmund
Sellraintal
Sellrain
Melach-Bach
Schönberg
Sill
Telfes
Fulpmes
Maria
Waldrast
Navis
Umhausen
Stuibenfall
STUBAIER
ALPEN
Ötztaler Ache
Neustift
Stubaital
2718
Serles
Matrei
Aufenstein
Steinach
Schmirn
Längenfeld
Ruetz-Bach
t. Leonhard
Pitztal
Ötztal
Vals
Gries
Ranalt
Gschnitz
Gschnitztal
Hohe
Geige
3395
Mutterberg-
Alm
NSG
1374
Brenner-
Paß
Mittelberg
Sölden
3507
Zuckerhütl
Zwieselstein
3162
Mittagskogel
Venter Ache
Timmelsjoch
2474
Wildspitze
3768
Hoch-
gurgl
Ridnaun-Bach
Sterzing
ITALIEN
Obergurgl
ofen
Vent
Natur-
park
Eisack
ALPEN
Texel-
gruppe
Meran
5
6
7
9

5

Route 6

Über den Zirler Berg

Scharnitz – Seefeld – Zirl (– Sellraintal) – ** Innsbruck (32 km)

Linker Hand die unberührte Felslandschaft des Karwendels, rechts der in eine weite Senke eingebettete, umtriebige Vier-Sterne-Skiort Seefeld: Auf der Tagesfahrt von Scharnitz nach Innsbruck, die man durch einen Abstecher ins Sellraintal ergänzen kann, zeigt sich Tirol in seiner ganzen Vielfalt. Während im Karwendel vor allem Liebhaber ursprünglicher Natur auf ihre Kosten kommen, bleiben in Seefeld in sportlicher und kultureller Hinsicht keine Ansprüche unbefriedigt. (Karte S. 62/63.)

6

Obwohl südlich des Inns die Gebirgsstöcke höher sind, ist die Nordseite des Tals – jedenfalls in seinem mittleren Teil – unzugänglicher. Das Karwendelgebirge etwa, das die überaus eindrucksvolle Kulisse für die Städte Innsbruck und Hall abgibt, erlaubt nur Bergsteigern ein Durchkommen. Die vier von Ost nach West verlaufenden Kalksteinketten, deren scharfzackige Felswände aus gewaltigen Karen aufsteigen, sind zwar durch schmale, freundlich-grüne Täler getrennt. In Nord-Süd-Richtung aber enden sie alle vor einem jäh aufragenden Felsturm. Diese Unwegsamkeit hat dazu geführt, daß das Karwendel mit seinen 40 km Länge und 25 km Breite das größte unbesiedelte Gebiet Österreichs ist. Das heißt aber nicht, daß es keine Wanderwege oder Hütten für eine gemütliche Einkehr gäbe: Ein ganzes Netz von Wegen, Pfaden und Steigen durchzieht das Massiv, und die Hütten liegen gerade in richtiger Entfernung voneinander. Man muß sich nur einen guten Ausgangspunkt für eine Wanderung suchen, zum Beispiel

Scharnitz (1200 Einw.), direkt unterhalb des Scharnitzpasses gelegen, der Bayern von Tirol trennt. Hier beginnt die Karwendeltour, die in neun bis zehn Stunden (zwei Tage) nach Hinterriß zum Großen Ahornboden führt – eine der schönsten und bekanntesten Routen dieses Gebirges. Man wandert zunächst den Karwendelbach entlang zum Karwendelhaus (Übernachtung). Von dort führt der Weg über den Kleinen Ahornboden, vorbei an den gewaltigen Felswänden der Laliderer bis zur Falkenhütte. Über Spielißjoch und Hohljoch kommt man schließlich zur Engalm am Großen Ahornboden.

Seefeld (2800 Einw.), 10 km, gehört zur Creme der Wintersportorte Tirols. Natürlich kann es mit Skipisten, Langlaufloipen, Tennisplätzen, Schwimmbädern und einem Golfplatz aufwarten. Daneben erwarten Luxushotels, Nobelrestaurants und sogar ein Spielkasino den anspruchsvollen Gast. Vom Fremdenverkehr im weitesten Sinn hat der Ort schon immer gelebt, denn jahrhundertelang war er das vielbesuchte Ziel der Wallfahrer zur blutenden Hostie.

Das Hostienwunder

Im Jahr 1384 soll der Burgherr Oswald Milser, ein unwürdiger Namensvetter des Kirchenheiligen, frech an den Altar getreten sein, um die große, nur für den Priester bestimmte Hostie zu verlangen. Zitternd gab der Pfarrer nach, doch kaum hatte er sie dem Ritter in den Mund gelegt, fing die Hostie ob dieses Frevels an zu bluten und der entsetzte Milser versank bis an die Knie im Boden. Vergeblich versuchte er sich am Altartisch festzuhalten, denn dieser war plötzlich weich wie Wachs und bot ihm keinen Halt. Noch heute soll man die Abdrücke seiner Hände dort sehen können. Der Ritter aber bereute seine schlimme Tat und ging ins Kloster, wo er alsbald starb.

Entsprechend kostbar ist die ** *Pfarrkirche zum hl. Oswald* ausgestattet, eine der schönsten gotischen Kirchen des Landes. 1423–1474 erbaut, präsentiert sie kunstvolle Steinmetzarbeiten, vor allem am Hauptportal. Hier wird das Leben des schottischen Missionars und Kirchenpatrons sowie der Hergang des Hostienwunders illustriert. Die Darstellung des Wunders kann man auch auf einem Tafelbild (1502) von Jörg Kölderer im Chor sehen, der darüber hinaus mit gotischen Fresken des 15. Jhs. ausgemalt ist. Im 16. Jh. baute Giovanni Lucchese im Auftrag von Erzherzog Ferdinand II. die repräsentative Hostienkapelle an, in der besonders die bemalte und stuckierte Flachdecke Aufmerksamkeit erregt. Die Hostie selbst wurde bis 1919 aufbewahrt, dann mußte man feststellen, daß sie im Lauf der Jahrhunderte vollkommen zu Staub zerfallen war. Dies löste einen langwierigen theologischen Disput über die Frage aus, was denn nun eigentlich aus dem durch das zarte Gebäck repräsentierten Leib des Herrn geworden bzw. wann er daraus entschwunden sei.

Noch bekannter als die St.-Oswald-Kirche ist das ** *Seekirchlein* etwas westlich des Orts, heute das Wahrzeichen Seefelds. Der markante achteckige Kuppelbau war ebenfalls ein gern besuchtes Pilgerziel, er wurde 1628 von Christoph Gumpp eigens zu dem Zweck erbaut, ein wundertätiges Kruzifix (Anfang 16. Jh.) aufzunehmen. Der See, an dessen Ufer die Kapelle einst stand, ist inzwischen verschwunden, man legte ihn um die Mitte des 19. Jhs. trocken, um Gerste für die Klosterbrauerei anzubauen, die jedoch nicht geriet.

Beim Seekirchlein beginnt eine schöne Waldwanderung (3,5 Std.) in das benachbarte *Mösern,* das eine phantastische Aussicht auf das Inntal bietet. Von dort geht es vorbei am Möserer See zum *Wildmooser See* und zum *Lottensee,* deren Wasser im Frühjahr – aber nur alle drei bis vier Jahre – aus dem Boden quellen. Das Naß kommt vermutlich aus einem unterirdischen Kluftsystem.

Blick auf das Karwendel, unweit von Scharnitz.

Gotisches Juwel: die Pfarrkirche zum hl. Oswald in Seefeld.

Vielleicht Tirols beliebtestes Fotomotiv: das Seekirchlein.

6

Nachdem es im Herbst wieder verschwunden ist, liegen die Seen wieder für ein paar Jahre trocken.

ⓘ Tourismusverband, 6100 Seefeld/ Tirol, ☎ (0 52 12) 23 13, FAX 33 55.

Ⓗ **Klosterbräu,** Seefeld 30, ☎ (0 52 12) 26 21-0, FAX 38 85. Direkt neben der Kirche, ursprünglich ein von Maximilian I. gegründetes Kloster; der Kaiser fände hier eine standesgemäße, wenn auch etwas monumentale Herberge. ($))
Seespitz Strandhotel, Seefeld 181, ☎ (0 52 12) 22 17, FAX 22 18-50. Direkt am Wildsee. ($))
Kreuzseehof, Seefeld 52, ☎ (0 52 12) 26 11, FAX 29 34-15. Nahe der Seekapelle. ($))
Hotel Garni Försterhäusl, Seefeld 413, ☎ FAX (0 52 12) 27 79. Freundliche Pension am Ortsrand. ($)
Ⓡ **Tümmlerhof,** Münchner Str. 215, ☎ (0 52 12) 2 57 10, FAX 2 57 11 04. Leichte Küche im Gartenpavillon, schwerer wiegen die Preise. ($))
Abends: **Casino Seefeld,** für Spielsüchtige täglich schon ab 15 Uhr.

In *Reith bei Seefeld* wurde über Jahrhunderte hinweg Stein- oder „Thyrschenöl" (Ichthyol) gewonnen, das als Heilmittel für Mensch und Vieh, aber auch als Schmier- und Leuchtstoff diente. Der Sage nach handelt es sich um das Blut eines Drachen, den einst der Riese Thyrsus erschlagen hat (s. S. 30). Auf einer Hauswand im nahen *Leithen* ist der mörderische Kampf dargestellt. Von hier aus geht es nun den steilen, früher bei Fuhrleuten und heute bei Wohnwagenbesitzern gefürchteten Zirler Berg hinunter ins Inntal.

Zirl (5000 Einw.), 21 km, ist „achtmal verbrunnen und neunmal verrunnen", was auf die große Zahl von Katastrophen durch Brände und Hochwasser hinweist. Trotz dieser offensichtlich gefährlichen Lage ist die Stelle bereits seit der Jungsteinzeit bewohnt. Die Siedlung war während der römischen Besatzung ein vielfrequentierter Straßenknotenpunkt und wurde ab dem 13. Jh. durch die *Burg Fragenstein* beschützt, deren Ruine heute noch über dem Ort aufragt. Die vielen Zerstörungen hatten zur Folge, daß nur noch wenige alte Gebäude erhalten sind. Dafür gibt es in Zirl den einzigen Weinberg Nordtirols. Er liegt am sonnigen Südhang unterhalb des Kalvarienbergs, im *„Weinhof Zirl"* an der Weinbergstraße kann man eine Kostprobe erstehen.

Abstecher

Bevor man nach Innsbruck fährt, sollte man noch einen Abstecher ins *Sellraintal* machen, das in einer Höhe von bis zu 2000 m parallel zum Inntal verläuft. Seitentäler führen tief hinein in die Gletscherwelt der Stubaier Alpen, ein Dorado für Wanderer und Bergsteiger aller Schwierigkeitsgrade. Früher nannte man das Sellrain respektlos die „Waschküche Innsbrucks", denn bis nach dem Zweiten Weltkrieg verdienten sich die Bewohner des wenig fruchtbaren Tals ein Zubrot, indem sie die Wäsche der Innsbrucker wuschen, bleichten und bügelten.

Oberperfuss (2300 Einw.), 4 km ab Zirl, ist der Geburtsort von Peter Anich (1723–1766), der als erster eine Karte von Tirol erstellte. Ein *Museum* dokumentiert sein Werk, in der Kirche steht sein Grabdenkmal. Wie groß die Wertschätzung ist, die er bei seinen Landsleuten bis heute genießt, zeigt die Tatsache, daß nahezu in jedem Ort Tirols eine Straße nach ihm benannt wurde.

Über *Sellrain* und *St. Sigmund* geht es hinauf in das weite Hochtal von *Kühtai* (2020 m, 13 Einw., 27 km ab Zirl). Der Ort verdankt seinen Namen den hier weidenden Kühen – „Tai" ist das alte Wort für Weide. Kühe gibt es hier heute immer noch, im Winter allerdings werden die Hänge von Skifahrern, Snowboardern und Langläufern beherrscht.

** **Innsbruck** (s. S. 24), 32 km.

Route 7

Wilde Masken und ein großes Kloster

** Innsbruck – Telfs (– ** Stams) – * Imst (65 km)

Ein schöner Tagesausflug führt von Innsbruck das Inntal hinauf bis Imst. Ein Besuch im Kloster Stams, ein Spaziergang auf dem Mieminger Plateau und ein Bummel durch die alte Handelsstadt Imst – das sind die Höhepunkte. (Karte S. 62/63.)

Kaum hat man die Außenbezirke ** *Innsbrucks* (s. S. 24) hinter sich gelassen, drängt sich rechts der Straße eine Felswand in den Blick, die den Eingang zum Oberinntal markiert. Hier unterhielten die Römer die Straßenstation Teriolis, auch die Fundamente einer spätrömischen Kirche hat man festgestellt. Sehr viel später entstand die *Burg Martinsbühel,* die Margarethe Maultasch als Witwensitz diente. Im 15. Jh. ließ sich Kaiser Maximilian I. den Bau als Jagdsitz ausbauen.

Direkt oberhalb der Festung trug sich eine Geschichte zu, die noch heute in unterschiedlichen Versionen erzählt wird: Bei der Jagd auf eine Gemse hatte Maximilian sich in der Wand so unglücklich verstiegen, daß er weder vor- noch zurückkam. Im Tal versammelte sich bald eine Menschenmenge, die angstvoll auf die Szene starrte und das Schlimmste für den hochwohlgeborenen Kletterer befürchtete. Der Pfarrer erteilte ihm – aus der Ferne – vorsichtshalber bereits den letzten Segen, als plötzlich neben dem Kaiser ein Jüngling erschien. Dieser geleitete das Oberhaupt des Heiligen Römischen Reiches Deutscher Nation sicher hinunter, war aber dann wie vom Erdboden verschluckt. Ein Engel sei es gewesen,

„Achtmal verbrunnen und neunmal verrunnen": Zirl.

Ländliches Freundespaar im Sellraintal.

Bei Kindern und müden Wanderern beliebt: Tirols klare Bäche.

Hier wohnte Margarethe Maultasch: Burg Martinsbühel.

7

meint die Sage, in Wirklichkeit war es wohl ein ortskundiger Jäger, wenn nicht gar ein kaisertreuer Wilderer, der wußte, warum er so rasch verschwand. Ein gesicherter Steig führt heute hinauf zu einer Höhle, wo ein großes Kreuz und eine Statue des Kaisers an die Begebenheit erinnern (2 Std.).

Telfs (10 150 Einw.), 27 km, am Fuß der Hohen Munde bildet den industriellen Schwerpunkt des Oberinntals. Es hat aber mehr zu bieten als häßliche Fabrikgebäude, das zeigt schon ein Gang durch die Hauptstraße, die von bemalten Häusern mit geschnitzten Bundwerkgiebeln gesäumt ist.

Bekannt geworden ist Telfs vor allem durch die von Felix Mitterer inszenierten Volksschauspiele (s. S. 18) und das „Schleicherlaufen" (s. S. 11), ein farbenprächtiges Faschingsspektakel, dessen Wurzeln tief in die geistergläubige Vorzeit zurückreichen. Zu den feststehenden Figuren des Schauspiels gehören die „Wilden" mit grauslichen Larven und zottigen Umhängen, Herolde, Laternenträger und die „Musibanda", vor allem aber die „Schleicher" in seidenen Gewändern und jugendlich-anmutigen Masken, deren große Kuhschellen erst beim Höhepunkt des Tages, dem „Kroashupfen", angeschlagen werden dürfen. Nur alle fünf Jahre findet das Maskentreiben statt (nächster Termin 2000), die restliche Zeit über kann man die Masken und Kostüme nur im *Heimatmuseum* betrachten (🕓 nur nach Vereinbarung, ☎ 0 52 62/6 20 62).

Abstecher

Bevor es nun hinauf auf das Mieminger Plateau geht, sollte man noch ein Stück weiter das Inntal hinauffahren nach

** **Stams,** 10 km ab Telfs, dem bedeutendsten Kloster Tirols, was man beim Anblick der stattlichen Anlage gern glauben mag. Die Zisterzienserabtei wurde 1273 von Graf Meinhard II. von Tirol und seiner Frau Elisabeth gegründet. Von Anfang an wurde ihr besondere Bedeutung für das Land zugesprochen, Meinhard erhob sie sogar zur Grablege aller künftigen Tiroler Landesfürsten. Mehrmals wurde der Bau umgestaltet, der strenge schmucklose Stil der Zisterzienser verwandelte sich in prahlerische Barockarchitektur.

Die Innsbrucker Hofbaumeister Johann Martin und Georg Anton Gumpp schufen schließlich Ende des 17. Jhs. das ausladende Gebäude der *Prälatur* mit seinen markanten achteckigen Zwiebeltürmen – vielleicht ein Ausgleich dafür, daß die Kirche nach den Regeln des Ordens keinen Turm besitzen durfte. Nicht weniger prächtig ist das Innere, vor allem der über zwei Stockwerke reichende *Bernardisaal*, dessen Wand- und Deckenfresken Szenen aus dem Leben des hl. Bernhard zeigen.

Nur in der *Klosterkirche Unsere Liebe Frau* findet man noch Spuren des bescheidenen romanischen Ursprungs, so etwa die drei Apsiden hinter dem Hochaltar. Noch vor dem auffallend langen Kirchenschiff mit seinen drei Querschiffen, auf der rechten Seite der Vorhalle, schützt das kostbar geschmiedete „Rosengitter" die *Heilig-Blut-Kapelle* vor allzu aufdringlichen Besuchern. Durch ein weiteres, kaum weniger fein gearbeitetes Gitter betritt man den Hauptraum, der von den bedeutendsten Künstlern Tirols ausgeschmückt wurde. Eine Öffnung erlaubt den Blick hinunter in die *Fürstengruft*, in der zwölf geschnitzte Statuen die Fürsten verkörpern, die hier begraben liegen, darunter Sigmund der Münzreiche. Über der Gruft schwebt eine *Kreuzigungsgruppe* von Andreas Thamasch.

Ungewöhnlich ist der riesige *Hochaltar* von Bartholomäus Steinle (1615), ein fein verästelter, figurenreicher „Lebensbaum". Seine Wurzeln bilden die neben dem Altartisch stehenden Plastiken von Adam und Eva. Der monumentale Baldachin, der den Baum umfängt, wurde erst im Rokoko hinzugefügt.

Von Telfs geht es hinauf zum Mieminger Plateau, das 200–300 m über dem

Inntal liegt. Zu Füßen des Mieminger Gebirges breitet sich eine stille, mit Lärchen und Kiefern bestandene Landschaft aus. Die Dörfchen Ober-, Unter- und Wildermieming, Barwies und Obsteig werben zu Recht mit dem Etikett „Sonnenplateau" und versprechen eine Ruhe, die Erholung garantiert.

Die schönste Zeit für Wanderungen ist der Herbst, wenn die Lärchen sich zu rotleuchtenden Fanalen verfärben. Ein gut markierter Rundwanderweg führt z. B. von Barwies am Waldrand entlang zum „Gasthaus Arzkasten" und über Obsteig wieder zurück (ca. 4 Std.).

Nassereith (2000 Einw.), 52 km, im Gurgltal liegt an der Straße zum Fernpaß. Es gehört ebenfalls zu den Tiroler Orten, die sich im Fasching durch ein prächtiges Maskentreiben auszeichnen. Das jährliche „Schellerlaufen" (s. S. 11) mit phantasievollen Masken, an dem „Bären" und „Bärentreiber", „Scheller" und „Roller" beteiligt sind, wird im *Heimatmuseum* ansprechend dokumentiert (Gemeindeamt, ⏲ im Sommer meist tgl., sonst nach Vereinbarung, ☎ 0 52 65/52 12).

***Imst** (7500 Einw.), 65 km, am Fuß des Tschirgant, der mit seinem breiten Rücken ins Tal hereinragt, ist der bedeutendste Ort des Oberinntals. Die Handelsstraße entlang dem Fluß schnitt sich hier mit dem Weg von Oberitalien nach Augsburg, was dem Ort ein gutes Auskommen und eine Reihe von Privilegien einbrachte. Dazu gehörte nicht zuletzt das Recht, als einziger des Bezirks Wein ausschenken zu dürfen. Herzog Meinhard II. wollte dem Marktflecken im 13. Jh. auch das Stadtrecht verleihen, sofern er sich innerhalb von zehn Jahren mit einer Mauer umgeben würde. Aber das gelang den Imstern nicht, und so konnten sie ihre Stadterhebung erst 1898 feiern.

Zu dieser Zeit war vom alten Ortskern kaum mehr etwas vorhanden, denn 1822 hatte ein verheerender Brand fast alle Gebäude zerstört, nur vier Häuser überlebten.

Prächtige Barockarchitektur: Zisterzienserabtei Stams.

In Imst: Eingang zum Haus Kramergasse 17.

Auf dem Mieminger Plateau ist noch vieles Handarbeit.

Die wichtigsten Gebäude von Imst stehen an der langen, kurvigen Hauptstraße, die auch der Schauplatz des alle vier Jahre stattfindenden „Schemenlaufens“ (s. S. 11) ist.

Die *Pfarrkirche Mariä Himmelfahrt,* ursprünglich aus dem 14. Jh., hat ihre heutige neugotische Gestalt im 19. Jh. erhalten. Die dem hl. Michael geweihte *Friedhofskapelle* mit gut erhaltenen Fresken dagegen konnte sich aus der Zeit der Gotik bis in unsere Gegenwart herüberretten.

Die Gebäude, die die Hauptstraße säumen, sind zum großen Teil schöne, stattliche Patrizierhäuser; unglücklicherweise glauben die Geschäftsleute, die die Erdgeschoße nutzen, ihre Waren hinter riesigen Schaufensterscheiben und mit knalligen Reklametafeln anpreisen zu müssen. Wenn man aber auf der Flucht vor all dieser „Pracht“ in die

„Der Vogelhändler bin ich ja . . .“

Als sich im 17. Jh. der Bergbau am Tschirgant langsam seinem Ende zuneigte, mußten sich die Imster Minenarbeiter einen neuen Erwerbszweig suchen, um sich und ihre Familien ernähren zu können. Die Umorientierung gelang gründlich: Statt auf schweres Silber verlegten sie sich nun auf leichtes Gold – nämlich auf die Zucht der gelbgefiederten Kanarienvögel, die zu dieser Zeit überall groß in Mode waren. Absatzschwierigkeiten hatten die Imster nicht zu befürchten, denn von den kleinen Sängern konnte man in den Haushalten ganz Europas kaum genug bekommen. Ob in kostbaren goldenen Käfigen oder in einfachen Drahtgeflechten, ob als Statussymbol oder einfach zur Unterhaltung – überall waren die Tiere gern gesehen.

Von den Vögeln, die ursprünglich auf den Kanarischen Inseln zu Hause sind, gelangten lange Zeit nur männliche Exemplare in den Handel. Die Weibchen wurden von den Bewohnern des Archipels mit Bedacht zurückgehalten, damit nur ja niemand anders das lukrative Geschäft selbst in die Hand nehmen konnte. Doch trotz aller Vorsichtsmaßnahmen vermehrten sich die „Zuckervögel“ bald auch bei italienischen Züchtern, und da war der Weg über die Alpen nicht mehr weit. Es waren wohl Tiroler Kaufleute, die die Chance erkannten und die ersten Pärchen mit nach Hause brachten.

Die Zucht selbst, die außer in Imst vor allem im benachbarten Tarrenz betrieben wurde, war nicht schwierig, allerdings mußte man den Vögeln das kunstvolle Flöten mittels kleiner „Oergelen“ erst noch beibringen. Dann ging es auf die Reise: Die Vogelhändler luden sich Dutzende von Käfigen auf große Kraxen und schützten sie mit einer Decke gegen Wind und Wetter. In regelmäßigen Abständen mußten sie gesäubert werden, währenddessen flogen die Vögel frei in einem eigens angemieteten Zimmer eines Gasthofs herum – wehe, einer kam aus. Bis St. Petersburg und Konstantinopel ging die Reise – ein anstrengendes, aber einträgliches Geschäft. Die Imster Vogelhändler mit ihrer zwitschernden Last und ihren fröhlichen Sprüchen waren bald weithin so bekannt und beliebt, daß ihnen sogar eine bis heute erfolgreiche Operette gewidmet wurde: „Der Vogelhändler“ von Carl Zeller. Auch der Papageno in Wolfgang Amadeus Mozarts berühmter Oper „Die Zauberflöte“ ist übrigens ein solcher Reisender.

Erst im 19. Jh. kam das Gewerbe zum Erliegen. Dem verheerenden Brand des Jahres 1822 fielen nicht nur die schönen alten Bürgerhäuser zum Opfer, sondern auch Tausende der kleinen Federbälle. Zur Erinnerung ist den Imstern nur der Spruch der Vogelhändler geblieben: „Gelbe Vögel trag ich aus, goldene Vögel bring ich z'Haus“.

Nebenstraßen gerät, findet man verwinkelte Gäßchen, Treppenwege und Durchlässe und – eine Imster Besonderheit noch aus der Zeit der Pferdewagen – fast an jeder Ecke einen Brunnen, an dem die vorgespannten Rösser ihren Durst löschen konnten.

Ausflugstip: Von der Johanniskirche aus führt ein schmaler Weg zur tief eingeschnittenen, bewaldeten *Rosengartenschlucht,* durch die ein gut gesicherter Steig angelegt ist (ca. 1 Std. bis zum Ende der Schlucht).

Das Pitztal wurde im Laufe der Jahrtausende von Gletschern geformt.

🛈 Tourismusverband, Johannesplatz 4, 6460 Imst, ☎ (0 54 12) 69 10, Fax 69 10-8. Bahn, Bus.

Hotel **Romantik-Hotel Post** (Schloß Sprengenstein), E.-Wallnöfer-Platz, ☎ (0 54 12) 6 65 54, Fax 6 65 19-55. Ein alter Herrensitz mit wahrlich herrschaftlichem Komfort. ($$)
Gasthof Grüner Baum, Thomas-Walch-Str. 12, ☎ (0 54 12) 6 33 45, Fax 6 37 51 66. Gutbürgerlich, in der Oberstadt. ($)

Eldorado aus Schnee und Eis im Pitztal.

Bei Imst mündet das sonnige

Pitztal, das 40 km tief in die Gletscherwelt der Zentralalpen hineinführt. Erst mit der lange umstrittenen Erschließung des Mittelbergferners als Sommerskigebiet ist der Fremdenverkehr eine tragfähige Erwerbsbasis für die Talbewohner geworden. Bis dahin mußten fast alle ihr Geld außerhalb verdienen, weil die kargen Böden an den steilen Hängen kaum etwas hergeben. Nun werden auch hier die Häuser im konfektionierten „Tirolerstil" herausgeputzt, und die Wirtshäuser mutieren zu Bars und Pizzerien – ein Beispiel für das nahezu unlösbare Dilemma, das der Tourismus in solchen Gegenden erzeugt. Trotzdem: Wandern läßt es sich in der großartigen Natur des Tales vortrefflich.

Extremer Spaß im ewigen Eis.

Route 8

Über den Fernpaß ins Oberinntal

Reutte – Fernpaß – Nassereith – * Imst – Landeck (70 km)

Die Route über den Fernpaß ist schon seit Jahrhunderten einer der wichtigsten Verkehrswege zwischen Augsburg und Italien. Wo sich heute Wohnwagengespanne und Lkws drängen, zogen einst Händlerkarawanen, Salzfuhrwerke und sogar die deutschen Könige mit ihrem Troß auf dem Weg zur Kaiserkrönung nach Rom. Ein weitaus mühevollerer Weg war das damals – den Staugeschädigten der Gegenwart zum Trost. Für diese zweitägige Tour wählt man am besten Wochentage außerhalb der Ferienzeit und plant genügend Pausen an den Badeseen ein. (Karte S. 62/63.)

Reutte (5500 Einw.) ist der Hauptort des Außerferns, so der Name für das Gebiet nordwestlich des Fernpasses. Straßensiedlung war es bereits zur Römerzeit. Im 15. Jh., als man hier eine Brücke über den Lech schlug, entwickelte sich Reutte zum wichtigen Verkehrsknotenpunkt. In der Folge blühte der Ort rasch auf, er bekam das Marktrecht und durfte einen Salzzoll erheben. 1598 waren die Bewohner bereits so wohlhabend, daß sie die Straße pflastern konnten!

8

Der Verkehr ist seither nicht eben geringer geworden, leider prägt er das Bild des an sich malerischen Ortskerns, dessen behäbige Häuser von Giebeln, Erkern, Korbgittern und Lüftlmalerei geschmückt werden. Die meisten Fresken stammen von einem Mitglied der Malerfamilie Zeiller, die hier im 18. Jh. ansässig war. Ihr eigenes Haus (Untersteig 1) haben sie natürlich auch geschmückt. Besonders sorgfältig restauriert ist das *Grüne Haus* am Untermarkt 33. Hoch aufragende Ecksäulen, ein von Pilastern umrahmtes Portal und Fenster mit feiner Stuckarbeit sind dort zu bewundern. Doch alle Bauteile sind nur auf den grünen Putz aufgemalt, sind nichts als Illusion und schöner Schein. Die Reutter Maurer und Stukkateure, die wie die Lechtaler Kollegen (s. S. 91) im 17. bis 19. Jh. in ganz Europa ihre Kunst ausübten, brachten so Abbilder ihrer Werke nach Hause zurück und verwandelten mit Stolz ihre bodenständigen Bauernhäuser in scheinbar herrschaftliche Residenzen. Das *Heimatmuseum* des Orts zeigt u. a. Techniken, Werkzeuge und Arbeitsproben dieser Handwerker (🕓 April–Okt. tgl. 10–12, 14–18 Uhr).

Ein beliebtes Ausflugsziel ist der Hausberg von Reutte, der *Höfener Hahnenkamm,* auf den man sich mit der Seilbahn hinauftragen lassen kann. Oben sind im Alpenblumengarten Hunderte von seltenen Pflanzen zu bewundern.

Unmittelbar an Reutte schließt der älteste Ort des Außerferns an: In

Breitenwang (1547 Einw.) stand schon 1094 ein Gotteshaus, es war das Zentrum der Missionierung in dieser Region. Die heutige *Kirche* wurde in der Barockzeit gebaut. Sie sollten sich vor allem die zwei angebauten Kapellen anschauen: die *Turmkapelle* mit einer runden, ausgemalten Kuppel und die *Totenkapelle* mit stuckumrahmten Medaillons, die einen Totentanzzyklus zeigen.

Nicht weit von Breitenwang steht auf einer Felskuppe *Burg Ehrenberg* (oder Ernberg), die größte Feste Nordtirols. Für den Marktflecken Reutte war die Burg, die von einem System von Vorwerken und kleineren Schanzen in näherer und weiterer Umgebung ergänzt wurde, von existentieller Bedeutung; im Dreißigjährigen Krieg setzte sie den protestantischen Truppen erfolgreichen Widerstand entgegen. Ende des 18. Jhs. erfüllte sie keinen Zweck mehr und verfiel.

Die Gegend zwischen den Burgen Ehrenberg und Fernstein am Fernpaß heißt seit alters „Zwischentoren“, denn wie zwei Tore bewachen die beiden „Klausen“ den Weg. Die Strecke war die einzige ganzjährig bestehende Verbindung zwischen dem Außerfern und dem Rest Tirols und damit letztlich auch zwischen Innsbruck und Augsburg. Nicht nur über feindliche Nachbarn wachten die beiden Sperrburgen, sondern auch über den gesamten Handel sowie das Transportwesen. Dieses lag ausschließlich in den Händen der Einheimischen und brachte den Bauern einen willkommenen Zusatzverdienst. In Reutte und in Lermoos standen die Waagen, denn die Frachtgebühren wurden nach Gewicht berechnet.

Heiterwang (500 Einw.), 6 km, ist ein guter Ausgangspunkt für einen Spaziergang zum *Heiterwanger See* und *Plansee,* die durch einen kleinen Kanal miteinander verbunden sind. Beide hatten schon früh einen guten Ruf wegen ihres großen Fischreichtums und der ausgedehnten wildreichen Wälder an ihren Ufern. Eine schöne Wanderung führt vom Zeltplatz am Heiterwanger See entweder am linken (ca. 1 Std., schmaler Pfad) oder am rechten Ufer (ca. 1,5 Std., breiterer Weg) bis nach Seespitz am Ufer des Plansees. Man kann die Strecke auch mit einem Schiff zurücklegen oder bis zum nordöstlichen Ende des fjordartigen, von den Bergen des Ammergebirges umschlossenen Plansees fahren (Haltestellen: Fischer am See, Seespitz, Gasthof Forelle).

ⓘ Tourismusverband, 6600 Reutte, ☎ (0 56 72) 6 23 36, Fax 6 54 22. Bahn, Bus

(H) **Hotel-Gasthof zum Mohren,** Untermarkt 26, ☎ (0 56 72) 6 23 45, Fax 6 57 10. Gasthaus mit Tradition. ($)

Hotel Forelle, Breitenwang-Plansee, ☎ (0 56 72) 6 81 13, Fax 6 81 13 11. Ruhiges Familienhotel am Plansee mit Badestrand und Angelmöglichkeit. ($)

(R) **Fischer am See,** Breitenwang-Plansee, ☎ (0 56 72) 6 51 16. Dorado für Fischliebhaber. ($)

Detail am Grünen Haus von Reutte.

Der Heiterwanger See, ein stilles Naturparadies.

Schloß Fernstein auf der Fernpaßhöhe stammt aus dem 16. Jh.

Im Lermooser Becken treffen Zwischentoren und Loisachtal zusammen. Im Norden baut sich das mächtige Zugspitzmassiv auf, das wie in einem Schwung aus der Ebene aufzusteigen scheint. Mit der *Tiroler Zugspitzbahn* kann man von *Ehrwald* bis auf den Westgipfel (2950 m) hinauffahren und durch einen Tunnel das mit Skiliften bestückte Zugspitzplatt erreichen, wo man meistens bereits im November die ersten Abfahrten wagen kann.

Bei Biberwier steigt die Straße nun zum Fernpaß hinauf. Wie der Brenner ist dieser Paß Etappe einer jahrtausendealten Handelsroute: Links der Straße sieht man auf dem sog. Römerweg an einigen Stellen noch uralte tiefe Karrenspuren. Auch an einer Reihe von Seen kommt man vorbei, der größte ist der von steilen, bewaldeten Ufern eingerahmte *Blindsee* (Schwimmbad). Die Gewässer entstanden infolge eines gewaltigen Bergsturzes vor 10 000 Jahren. Riesige Blöcke, die damals aus der Wand des Kreuzjochs herausbrachen, verschütteten die einst viel tiefere Furche zwischen Lechtaler Alpen und Wettersteingebirge und bildeten eine Ansammlung von inzwischen längst überwachsenen Hügeln, die für den kurvenreichen Straßenverlauf verantwortlich sind. Auch jenseits der

Fernpaßhöhe (1209 m), 27 km, hat sich ein kleiner See gebildet, der Fernsteinsee. Auf einer Insel darin steht die Ruine *Sigmundsburg* (um 1460), einst Jagdschloß Herzog Sigmunds des Münzreichen. Ruinen einer älteren Burg (vor 1288) sind oberhalb des Sees zu sehen. Im 16. Jh. wurde noch etwas weiter oben *Schloß Fernstein* erbaut, ein bis heute erhaltener Bau, dessen Saal im 18. Jh. Fresken und Stukkaturen erhielt.

Nassereith (s. S. 69), 37 km, und **Imst* (s. S. 69), 50 km, sind die weiteren Stationen auf dem Weg ins Inntal.

Landeck (7500 Einw.), 70 km, liegt am Zusammenfluß von Inn und Sanna. Dank ihrer günstigen Lage entwickelte sich die Stadt zum wichtigen Knotenpunkt für den Verkehr von Italien nach Deutschland und über den Arlberg, eine Funktion, die sie bis heute innehat, so daß der Ort von Durchreisenden wie von parkplatzsuchenden Gästen gleichermaßen gefürchtet wird. Doch der Verkehr hat den Landeckern auch eine gewisse Wohlhabenheit gebracht; kunstvoll bemalte Bürgerhäuser legen davon Zeugnis ab. Die **Pfarrkirche Mariä Himmelfahrt* (1471–1521) reiht man sogar unter die bedeutendsten gotischen Kirchenbauten Tirols ein.

Wohlerhalten ist *Schloß Landeck*, in der ersten Hälfte des 13. Jhs. auf einem hohen Felsen über dem Inn erbaut. Es gehörte nie einer bestimmten Familie, sondern war als Gerichtssitz im Besitz des Landesherrn. Der landesfürstliche Pfleger residierte in der Gerichtsstube, deren Balkendecke (1530) noch erhalten ist. Aus dem späten Mittelalter stammen auch die Halle und die Schloßkapelle mit dem reichen Freskenschmuck. Heute ist die Burg *Bezirksmuseum* und zeigt prächtige Bauernstuben aus dem Tiroler Oberland (1. 6.–29. 9. tgl. 10–17 Uhr; 30. 9. bis 27. 10. 14–17 Uhr). Im Sommer finden im Schloßhof Konzerte statt.

Tourismusverband, 6500 Landeck, (0 54 42) 6 23 44, 6 78 30.

Hotel Sonne, Perfuchs, (0 54 42) 6 25 19, 6 25 19-17. Hoch über Gewimmel und Verkehrslärm. $

Gasthof Tramserhof, Trams, (0 54 42) 6 22 46, 64 87 06. Erholung im Grünen, Badefreuden im Sommer, Skispaß im Winter. $

Gasthof Bierkeller, Innstraße 39, (0 54 42) 6 23 77. Einst nicht nur der Bierkeller, sondern auch der Weinkeller des ganzen Bezirks. Während des Baus der Arlbergstraße um 1820 wurde auch der Sprengstoff hier gelagert. Heute kann man Tiroler Gröstl und andere gehaltvolle Gerichte ungefährdet genießen. $

Die Tiroler Zugspitzbahn.

Route 9

In die Gletscherwelt des Ötztals

*** Imst – Oetz – Umhausen – Längenfeld – Sölden – Vent (68 km)**

Tief hinein in die Gletscherwelt des Alpenhauptkamms führt das Ötztal, eine der dramatischsten und abwechslungsreichsten Tiroler Landschaften. In fünf Stufen, auf denen sich breite, fast ebene Talgründe und steile, enge Schluchten abwechseln, schwingt es sich von einem sanften Wiesental hinauf zu vergletscherten Bergriesen und schroffen Felszacken und überwindet dabei mehr als tausend Höhenmeter.
Will man das Tal bis in seinen obersten Winkel erforschen, sollte man sich zwei bis drei Tage Zeit nehmen. (Karte S. 62/63.)

Östlich von * *Imst* (s. S. 69) liegt die Abzweigung nach Sölden. Eine breite Straße führt vom Ötztal-Bahnhof hinein in eine sonderbar hügelige Landschaft – der ganze Talgrund ist mit überwachsenen Felsbrocken übersät, die von einem Bergsturz herrühren.

Oetz (2100 Einw.), 18 km, das dem Tal seinen Namen gegeben hat, stellt stolz besonders schöne Häuser zur Schau, darunter den mit großen, farbenfrohen Figuren und phantasievollen Fensterumrahmungen bemalten *„Gasthof zum Stern"*. Etwas oberhalb des Dorfs, mit herrlichem Blick auf das Tal, steht schlank und elegant die gotische *Pfarrkirche,* die 1667 und 1744 ausgebaut und umgestaltet wurde. Eine Verbindung zwischen traditionellem Heimatmuseum und moderner Präsentation ist die *„Galerie zum alten Ötztal"*, die nicht nur eine Sammlung von volkskundlich interessanten Gegenständen aus dem ganzen Tal zeigt, sondern auch jeden Sommer eine Ausstellung zu einem bestimmten Thema organisiert (🕓 Ende Mai–Mitte Sept. Di–So 14–17 Uhr).

ℹ Tourismusverband, 6433 Oetz,
☎ (0 52 52) 66 69, FAX 62 80 75.
Bus: Vom Ötztal-Bahnhof bis Sölden.

Habichen (279 Einw.), 20 km, liegt am Ende eines Talkessels. Vom schön bemalten *Glockengießerhaus* (1632) spaziert man durch einen mit großen Felsblöcken durchsetzten Wald zum *Piburger See,* der trotz seiner 915 m Seehöhe eines der wärmsten Badegewässer Tirols ist (Umrundung ca. 2 Std.). Einen Besuch lohnt auch der kleinere *Habicher See,* der allerdings manchmal verschwindet und erst nach einer längeren Regenperiode wieder erscheint.

Nun geht es in Kehren über eine Felsstufe, über die die Ötztaler Ache herabtost, hinauf ins Umhausener Becken.

Umhausen (2400 Einw.), 27 km, einer der ältesten und schönsten Orte des Tals, war immer stark von Muren und Hochwasser bedroht. Ein Teil heißt bis heute „Muhre", ein anderer „Neudorf", weil er nach einem großen Unglück 1762 neu aufgebaut werden mußte. Nicht weit von Umhausen, über einen Fußweg in einer Dreiviertelstunde zu erreichen, stürzt der * *Stuibenfall* aus einer Höhe von 150 m in zwei Stufen hernieder und bietet ein phantastisches Schauspiel. Im Winter, wenn das Wasser gefriert und die Kaskaden wie ein verzauberter Kristallpalast aussehen, wagen sich die Eiskletterer in die glitzernden Wände.

Hinter Umhausen geht es über eine zweite, schluchtartige Stufe hinauf in das Becken von

Längenfeld (3700 Einw.), 36 km. Auch dieser Ort ist relativ alt, er ging aus einem Schwaighof hervor, den Herzog Heinrich der Löwe im 12. Jh. dem Kloster Wilten schenkte. 1303 errichtete man die *Pfarrkirche,* die noch zweimal erweitert und umgebaut wurde und den höchsten Turm des ganzen Tals erhielt. Kaum weniger prächtig als der Sakralbau zeigt sich der reich mit Fresken geschmückte *„Gasthof Zum Hirschen"*. Kulturgut anderer Art präsentiert das *Ötztaler Heimat- und Freilichtmuseum,* ein alter Bauernhof mit Kornkasten, Mühle und Stadel. Hier werden u. a. Gerätschaften der Flachsbearbeitung ausgestellt, ein einst für das Ötztal bedeutender Einkommenszweig (🕓 1. 6.–30. 9. Mo–Fr 10–12, 14 bis 17 Uhr, So 14–16 Uhr). Auch Längenfeld hatte unter der Gewalt plötzlich hereinbrechenden Wassers viel zu leiden, wie eine Gedenksäule im Ortsinnern belegt: In den knapp 300 Jahren zwischen 1678 und 1965 ist der Fischbach zehnmal über die Ufer getreten und hat Häuser verwüstet, Felder überschwemmt und mit Schlamm bedeckt und Menschen zu Tode gebracht.

Sölden (2800 Einw.), 50 km, der Hauptort des Innerötztals, besteht aus vielen Weilern und Ansiedlungen. Hier ist ein Mekka des Winter- und Alpinsports sowie des Sommerskilaufs entstanden, das nicht mehr viel mit dem alten Bergbauerndorf zu tun hat. Lifte, Gletscherbahnen, Panorama-Restaurants und Diskotheken beherrschen die Szene; daneben zeugen Cafés, Pizzerien, Boutiquen für grellbuntes Sportequipment und allerlei Kinkerlitzchen von dem rasanten Aufschwung, den der Talschluß seit den frühen Tagen des Alpintourismus genommen hat. Bei der Lektüre des Ortsprospekts, der mit Aktivitäten wie Mountainbiking und Freeclimbing lockt, kann man sich des Verdachts nicht erwehren, daß hier die Berge hauptsächlich als vielseitiges Sportgerät betrachtet werden. In der 2070 m hoch gelegenen Hotelsiedlung *Hochsölden* ist es vom Hotel mit Vier-Sterne-Restaurant, Bar und Pool bis zum Skilift nur noch ein Katzensprung.

ⓘ Tourismusverband Ötztal-Arena, 6450 Sölden, ☎ (0 52 54) 22 12-0, 📠 31 31.

🚌

Ⓗ **Hotel Tyrolerhof,** Rettenbach 268, ☎ (0 52 54) 22 88, 📠 28 33. Alles,

Einkehr mit Tradition: „Gasthof zum Stern" in Oetz.

Im Ötztaler Heimat- und Freilichtmuseum, Längenfeld.

Über 1000 Höhenmeter gurgelt die Ötztaler Ache hinab zum Inn.

was das Skifahrerherz begehrt, in gehobener Ausstattung und zu gehobenen Preisen. (S)(S)

Gasthof Granstein, Granstein 9, ☎ 📠 (0 52 54) 24 04. Ruhige Lage, auch im Winter günstige Preise. (S)

In *Zwieselstein* (1470 m) gabelt sich das Tal, es „zwieselt" sich, wie man früher sagte. Hier fließen die Gurgler und die Venter Ache zur Ötztaler Ache zusammen. Das *Gurgler Tal* mit Unter-, Ober und Hochgurgl ist eine Fortsetzung des

Der Mann im Eis

Große Entdeckungen haben oft einen trivialen Anstoß. Im Fall des als „Ötzi" weltweit bekannt gewordenen bronzezeitlichen Leichenfunds war es eine Schmelzwasserpfütze, die das Nürnberger Ehepaar Simon am 19. September 1991 dazu bewog, einen kleinen Umweg zu machen, um ihre Bergtour auf den Niederjochferner trockenen Fußes beenden zu können. Was sie zunächst für eine große Puppe hielten, erwies sich als Körper eines Menschen, der offensichtlich schon eine Weile im Eis gelegen hatte. Ein weiterer Zufall wollte es, daß sich just an diesem Tag die Extrembergsteiger Reinhold Messner und Hans Kammerlander in der nahegelegenen Similaunhütte aufhielten. Mit einem befreundeten Historiker begutachteten sie den Fund, schätzen ihn zunächst vorsichtig auf „älter als 100 Jahre" und machten ihn noch am gleichen Tag publik.

Schon bei einer ersten Untersuchung der Gegenstände, die der Tote mit sich führte, wurde klar, daß er mindestens 4000 Jahre alt sein mußte. (Inzwischen schätzt man ihn auf 5300 Jahre.) Fachleuten in aller Welt verschlug es den Atem, die Medien überboten sich mit Sensationsberichten. Noch nie hatte man eine auch nur annähernd so alte Leiche wie diese gefunden, die nicht in einem Grab beigesetzt worden war, sondern praktisch „direkt aus dem Leben" kam. Ein scheinbar unendliches Forschungsfeld tat sich auf.

In den folgenden Tagen fand man eine Reihe von höchst interessanten Gegenständen, die der vorzeitliche Wanderer mit sich geführt hatte: außer einem Steinmesser und einer kupfernen Axt u. a. einen Köcher mit Pfeilen, Geräte zum Feuermachen, eine durchbohrte Marmorperle, Reste eines Korbes und eines Traggestells sowie – als Proviant – getrocknete Schlehen. Was die Dinge so wertvoll macht, ist die Tatsache, daß sie zum unmittelbaren Gebrauch angefertigt wurden.

Bald waren Wissenschaftler der unterschiedlichsten Fakultäten am Werk. Inzwischen ist der Leichnam von der Forschung freigegeben, nicht für eine Bestattung freilich, sondern als Sensationsobjekt eines neuen Bozener Museums, in dem er wenig pietätvoll wie ein Exponat präsentiert wird. Die Ausrüstung gelangte zur Untersuchung ins Römisch-Germanische Zentralmuseum nach Mainz.

Proben des Fundes wurden und werden in Instituten vieler Länder analysiert: Archäologen untersuchen anhand der Kleidungsstücke bronzezeitliche Techniken des Gerbens, Nähens und Flechtens und spüren dem Lebensweg des urzeitlichen Jägers nach, Mediziner erhoffen sich Aufschluß über Krankheiten und Parasiten, Chemiker verfolgen Verfallsprozesse, Biologen und Zoologen suchen nach Hinweisen auf die Vegetation und die Tierwelt dieser Zeit. In regelmäßigen Abständen erfährt die Welt Neues über den „Homo tyrolensis vom Hauslabjoch", seien es Theorien über Sinn und Zweck der geheimnisvollen Tätowierung (eine Art Akupunktur gegen Nierenschmerzen?), sei es die Nachricht, daß im Heu, mit dem der frühzeitliche Mensch seine Schuhe ausstopfte, keimfähige Pilzsporen gefunden wurden.

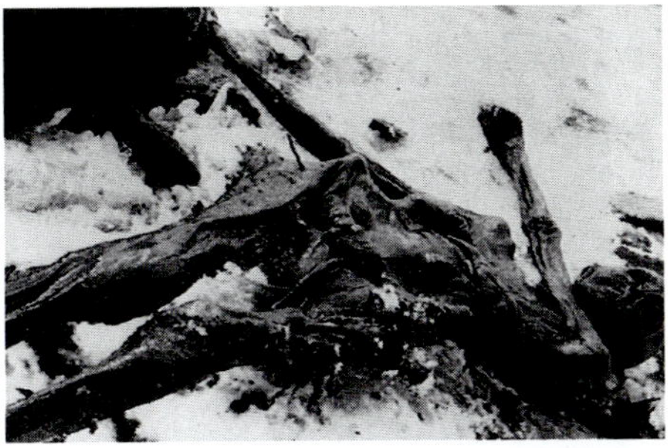

Sensationsfund aus dem Eis: Ötzi.

Söldener Rummelplatzes, hier reiht sich Hotel an Hotel, der Komfort läßt alle Unternehmungen der frühen Alpinisten wie weit zurückliegende, exotische Expeditionen erscheinen. Über das *Timmelsjoch* (2474 m, Wintersperre) hat das Tal eine Verbindung zum Südtiroler Vintschgau, die lange Zeit enger war als die zum weiter entfernten Inntal. Schon immer trieben die Vintschgauer ihre Schafe auf die Weiden von Vent und Gurgl. Dieser Viehauftrieb wird bis heute durchgeführt, allerdings werden die Tiere häufig mit dem Lkw befördert.

Vent (1900 m; 160 Einw.), 68 km. Die winzige Ansiedlung ist neben Gurgl das höchstgelegene ganzjährig bewohnte Bergbauerndorf der Ostalpen. Allerdings hebt es sich wohltuend von der lauten Eitelkeit Söldens ab und bescheidet sich klug mit der Rolle eines idealen Ausgangspunkts für Touren in die höchsten Gipfelregionen der Ötztaler Alpen. – Über einen Fahrweg erreicht man wenige Kilometer weiter die

Stilles Idyll hoch in den Bergen: Vent.

Rofenhöfe (2014 m), zwei Bauernhöfe mit uralter Geschichte und großer Bedeutung für das Land Tirol. Hier fand der vom Kaiser mit Reichsacht belegte Herzog Friedrich „mit der leeren Tasche" 1416 als Bauernknecht verkleidet Unterschlupf. Die Nähe zu den höchsten Gipfeln hat bei der Familie Klotz, die die Höfe seit langem bewirtschaftet, eine besondere Liebe zu den Bergen wachsen lassen. So gingen aus diesem Anwesen große Bergführer hervor, die für die Erschließung der Ötztaler Alpen einen wichtigen Beitrag leisteten. Heute steht neben den alten Höfen auch ein moderner Bau, der Wanderern Unterkunft bietet. Nicht zu verachten ist die Küche, die einfache, bodenständige Gerichte mit Zutaten aus der heimischen Landwirtschaft anbietet: Schweinsbraten mit Kraut oder Brettljause – denn hier oben ist kein Platz für modisches Chichi (☏ 0 52 54/81 03).

Die Rofenhöfe sind eine ideale Basis für lange Wanderungen in den Ötztaler Alpen.

9

Route 10

Ein Hauch von Süden: Vom Oberinntal zum Reschenpaß

Landeck (– Kaunertal) – Ried (– Serfaus) – Nauders (44 km)

Die Fahrt entlang dem jungen Inn hinauf zum Reschenpaß gehört zu den schönsten Strecken Tirols. Hier ist atmosphärisch schon der erste Hauch des Südens zu verspüren, während das benachbarte Kaunertal noch viele Spuren des harten, kargen Bauernlebens im Hochgebirge aufweist. Zwei Tage sollte man für die Erforschung der Region und ihrer vom nahen Engadin geprägten Ortschaften einplanen. (Karte S. 62/63.)

Von *Landeck* (s. S. 74) kommend, erreicht man zuerst das hoch über dem Oberinntal liegende

Fließ (2200 Einw.), 6 km. Das ruhige kleine Dörfchen besitzt gleich zwei Pfarrkirchen, von denen die ältere auf das Jahr 1300 zurückgeht. Leider sieht man ihr das nicht mehr an, da sie Ende des 15. Jhs. gotisch umgebaut wurde. Malerisch über dem Ort thront schon seit etwa 1200 *Burg Bideneck.* Der hohe Bergfried wurde allerdings erst Ende des 19. Jhs. mit geschwungenen Schwalbenschwanzzinnen herausgeputzt. Nicht weit von Fließ, bei *Urgen,* führen zwei sehenswerte gedeckte Holzbrücken über den hier etwa 35 m breiten Inn, beide vom selben Zimmermeister 1882 konstruiert.

Prutz (2000 Einw.), 13 km, hat noch viele Häuser aus der Zeit der Gotik, dicht an dicht aneinandergereiht, wie man es auch im Engadin zuweilen findet. Auch zwei wehrhaft gebaute Ansitze sind noch erhalten, der *„Turm im Felde“* und der *„Turm in der Breite“,* allerdings wurden beide in später entstandene Wohnhäuser integriert, so daß man genau hinschauen muß, um sie zu erkennen. Auf dem Friedhof der *Pfarrkirche Mariä Himmelfahrt* sollte man die beiden Kapellen besichtigen: Die *Johanneskapelle* enthält gut erhaltene gotische Fresken aus der Zeit um 1330, während die *Totenkapelle* wächserne Votivgaben und eine Votivtafel birgt.

Abstecher ins Kaunertal

Das westlichste Tal der Ötztaler Alpen beginnt bei Prutz. In dieser Höhe war das Leben immer karg und armselig. Bevor der Fremdenverkehr zusätzliche Erwerbsmöglichkeiten bot, fand hier kaum eine Familie ihr Auskommen, ohne daß einer zur Arbeit „hinaus“ ins Inntal ziehen mußte.

Bei Kauns steht die *Burg Berneck,* deren Burgherr Hans von Müllinen einst dem Landesfürsten Herzog Friedrich „mit der leeren Tasche“ einen großen Dienst erwies: Dieser war aus seinem Gefängnis beim Konzil zu Konstanz geflohen und über den Arlberg ins Inntal gekommen (s. S. 14); auf Burg Berneck fand er zeitweise Aufnahme. Wenig später wurde die Feste ausgebaut und ausgemalt, in dieser Form ist sie heute, nach umfangreichen Renovierungsarbeiten, wieder zu besichtigen.

Kaltenbrunn (1000 Einw.), 8 km ab Prutz, ist seit Jahrhunderten Ziel der Wallfahrt zur *Kirche Mariä Himmelfahrt.* Die Gnadenkapelle mit dem verehrten Marienbild (um 1400) steht mitten im Schiff der barocken Pfarrkirche.

Tiefer im Tal wird der Blick vollkommen von der am Talschluß aufsteigenden Weißseespitze gefangen genommen, von deren Hängen der mächtige Gepatschferner herabfließt. Die Gletscherwasser werden heute im 6 km langen Gepatsch-Stausee gesammelt. Vom Staudamm (1772 m) aus, der größten Natursteinmauer Österreichs, empfiehlt sich wegen der beeindruckenden Aussicht auf die Gipfel des Kaunergrats und des Glockturmkamms eine Wanderung am See entlang zur Nasserein Alm und schließlich zum Gepatschhaus (hin und zurück ca. 3 Std.).

Wer weniger gut zu Fuß ist, bleibt auf der großartigen Panoramastraße (ab Feichten, Maut) und läßt das Auto bis hinauf zum Weißseegletscher auf 2750 m Höhe klettern (34 km ab Prutz); mit dem Sessellift geht es sogar noch ein Stückchen weiter nach oben. Dort allerdings sollte man wirklich die eigenen Füße bemühen: Nur 30 Minuten sind es zum „Dreiländerblick" in 3000 m Höhe. Schon Kaiser Maximilian I. genoß 1500 den Blick, nachdem er den Gletscher gewiß unter größeren Mühen bestiegen hatte.

Tourismusverband, 6524 Feichten, (0 54 75) 29 20, FAX 29 29.

Kirchenwirt, Feichten Nr. 140, (0 54 75) 3 81, FAX 3 81-50. Zentrale Lage, bodenständige Ausstattung. ($)
Gasthof Falkeis, Kauns 47, (0 54 72) 62 25, FAX 61 42. 400 Jahre altes Wirtshaus mit Sinn für traditionelle Gerichte; hausgeräucherter Speck und selbstgebrannter Obstler bereichern die Speisekarte. ($)
Kaunertal, Platz 18, (0 54 75) 3 16, FAX 3 16-65. Schön gelegener Platz am Waldrand.

Ried (1000 Einw.), 16 km, nennt eine jener vielen Burgen sein eigen, die Herzog Sigmund der Münzreiche sich in Tirol erbauen ließ. Hier hatte im 13. und 14. Jh. ein starker Turm den Herren von Ried als Wohnung gedient, 1471–1472 ließ der Fürst den von einer Mauer umgebenen Hof überdachen und zu einer zweistöckigen Halle umbauen, deren Wappen- und Rankenmalereien noch heute sehenswert sind. Im ersten Stock trägt ein einzelner wuchtiger Mittelpfeiler die gewölbte Decke.

Abstecher

Von Ried aus klettert eine Straße in vielen Serpentinen zur „Sonnenterrasse"

Gute Laune auf einem Dorffest in Fließ.

Gedeckte Holzbrücke bei Urgen.

„Dreiländerblick" am Weißseegletscher im Kaunertal.

Der Gepatsch-Stausee sammelt das Wasser des gleichnamigen Gletschers.

des Oberinntals hinauf. Die 400–600 m über dem Tal liegende Hangstufe profitiert von einer berauschenden Aussicht und meist gutem Wetter: Serfaus soll im Jahresdurchschnitt die meisten Sonnenstunden Tirols haben. – In

Ladis (400 Einw.), 4 km ab Ried, am Ufer eines kleinen Sees gelegen, stehen noch viele alte Häuser, die mit schönen Malereien und kunstvollen Bundwerkschnitzereien am Giebel prahlen. Typisch sind die „geschaffelten", also aus Dauben und Holzreifen gefertigten Brunnen. Die *Burg Laudeck* wurde um 1406 schwer beschädigt und verfiel. Lange Zeit war sie nur Waffenarsenal, heute ist sie teilweise restauriert.

Über *Fiss*, dessen schönste Häuser und Stadel 1972 leider einem Brand zum Opfer fielen und durch öde Beherbergungsbetriebe ersetzt wurden, erreicht man den Wintersportort

Serfaus (1427 m; 950 Einw.), 10 km ab Ried. Daß es eines der ältesten Wallfahrtsziele Tirols ist, kann man heute freilich kaum erkennen. Hier soll schon in frühchristlicher Zeit ein Gotteshaus gestanden haben. Auch die heutige * *Kirche Unsere Liebe Frau im Walde* hat ein hohes Alter: Sie ist im Kern noch romanisch, wurde aber in der Zeit der Gotik erneuert. Der schlichte Bau, die farbigen Wandmalereien und die ergreifend schönen Schnitzarbeiten, darunter das Gnadenbild aus dem 12. Jh., sind eine wahre Wohltat für jene, die des in Tirol allgegenwärtigen Kirchenbarocks überdrüssig sind.

Den großen Dorfbrand von 1942 überlebten nur wenige Häuser, so daß die Errichtung der großen Touristenherbergen dem Ortsbild keinen großen Schaden mehr zufügen konnte. Um Serfaus nicht ganz im Autoverkehr ersticken zu lassen, hat man vor einigen Jahren eine U-Bahn gebaut.

ℹ Tourismusverband, 6534 Serfaus,
☎ (0 54 76) 62 39, FAX 68 13.

Tösens (660 Einw.), 22 km, verzeichnet zwei sehenswerte Baudenkmäler. Das berühmtere ist sicher die kleine Kirche ** *St. Georgen ob Tösens*. Den romanischen Rechteckbau mit flacher Holzdecke kann man nur zu Fuß erreichen. Die Wände sind vollständig mit Szenen aus der Leidensgeschichte und aus Heiligenlegenden ausgemalt. Der gotische Reliquienschrein (um 1250) neben der Tür zum Turm ist eine Kopie, das Original wurde ins Landesmuseum nach Innsbruck (s. S. 30) gebracht. So wie diese sahen einst vielleicht viele Tiroler Kirchen aus, eine bunte Sonntagsschule für die Bauern, die vom Lesen und Schreiben keine Ahnung hatten. Die sogenannte *„Römerbrücke"* stammt in Wirklichkeit erst aus dem Mittelalter, sie ist aber nach Art der römischen Brücken gemauert und überspannt eindrucksvoll eine 8 m breite Felsschlucht.

Gasthof Tschuppbach, 6541 Tösens,
☎ (0 54 77) 2 17. Bodenständig, fast alles aus eigener Erzeugung. $

Südwestlich von *Pfunds* gabelt sich die Straße. Während die rechte Abzweigung hinüber ins Schweizer Unterengadin führt, erreicht man auf der linken den *Reschenpaß* (49 km) und damit den Übergang in den Südtiroler Vintschgau.

In einer Straßenkehre des Finstermünzpasses steht düster und sichtlich feucht und kalt das *Sperrfort Nauders* von 1840. Von hier aus empfiehlt sich ein kurzer Spaziergang (20 Min.) hinunter in die Innschlucht zur *Feste Sigmundseck* in Altfinstermünz, einer Befestigungsanlage aus der Zeit Sigmunds des Münzreichen. Die fünfgeschossige befestigte Klause mit der gotischen Pechnase beherbergte die alte Zollstätte; mitten im Fluß steht auf einem Wellenbrecher der Brückenturm. Die letzten Kämpfe sah die Anlage 1799 während der Freiheitskriege.

Nauders (1500 Einw.), 44 km, ist der letzte Ort vor der Grenze nach Italien. Es liegt eingebettet in sanfte Wiesenhänge, über denen die Ausläufer der Ötztaler Alpen aufsteigen. In der Ferne sieht man die Eisriesen der Schweizer Alpen, bei gutem Wetter sogar den Ortler. Nauders war als Paßort und höchster Punkt der römischen Via Claudia Augusta schon vor Jahrtausenden von Bedeutung, so taucht die Siedlung unter dem Namen Inutrium auf der Weltkarte des ägyptischen Gelehrten Claudius Ptolemäus auf. Auch als Wintersportort ging es früh in die Geschichte ein: Als im Jahr 102 n. Chr. die Zimbern den Paß überschritten, sollen sie pudelnackt auf ihren Schilden über die verschneiten Wiesenhänge gerodelt sein.

Schloß Naudersberg wurde zu Beginn des 14. Jhs. als Gerichtssitz errichtet. Um 1500 ging man daran, den Bau zu verstärken und zu erweitern, damit er gegen die Engadiner bestehen konnte, die sich gegen die Herrschaft der Habsburger auflehnten. Die Burg blieb bis 1919 Sitz des Gerichts und verfiel dann allmählich, erst in den letzten Jahren wurde sie teilweise restauriert. Daneben steht die romanische *St.-Leonhards-Kapelle,* in deren Innern Fresken aus der zweiten Hälfte des 12. Jhs. zu sehen sind. Die *Pfarrkirche St. Valentin* wurde der Legende nach vom hl. Valentin, einem der ersten Missionare Tirols, gegründet, der genau an dieser Stelle unter einer Linde das Christentum gepredigt haben soll. Die Berge, die Nauders umgeben, haben sonderbare Namen: Valdafürkopf, Mataunkopf oder Piz Malmurainza. Sie künden nicht nur vom nahen Engadin, wo das Rätoromanische noch Umgangssprache ist, sondern verweisen auch auf die Zeit vor etwa 300 Jahren, als man auch in Nauders und Umgebung noch einen rätoromanischen Dialekt sprach. Erst mit der endgültigen Abtrennung des Engadins vom Habsburgerreich 1652 ging diese Sprache langsam verloren und wurde durch Deutsch ersetzt.

ⓘ Tourismusverband, 6543 Nauders, ☎ (0 54 73) 2 20, FAX 6 27.

🚌

Gasthof zum Goldenen Löwen, Nauders 36, ☎ (0 54 73) 2 08, FAX 2 08-60. Alteingesessener Gasthof. Ⓢ

Portal der Kirche Unsere Liebe Frau im Walde, Serfaus.

Szene aus der Leidensgeschichte Jesu in St. Georgen ob Tösens.

Die Pfarrkirche St. Valentin in Nauders.

Sperrfort Nauders am Finstermünzpaß.

10

Route 11

Im ruhigen Paznauntal

Landeck – Kappl – Ischgl – Galtür – Bielerhöhe (48 km)

Von den drei Tälern, die nahe Landeck zusammentreffen, ist das Paznauntal das beschaulichste, ursprünglichste. Schmal, aber nicht eng, erhält es seinen bäuerlichen Charakter von den braunen Holzhäusern, mit denen die grünen Hänge der Sonnenseite bis weit hinauf betupft sind. Eine Wanderung auf der alten Handelsstraße von See bis Ischgl etwa 100 m über dem Talgrund führt vor allem auf der Strecke bis Sinsen an einigen der schönsten und ältesten dieser Bauwerke vorbei. Dazu reizvolle Kapellen, alte Einfassungsmauern, Bienenhäuser und vieles mehr. Der gut 20 km lange Fußmarsch kann nach Belieben in Etappen eingeteilt werden, denn von der Bundesstraße im Talgrund führen immer wieder Zufahrtswege zu den alten Dörfern hinauf. Insgesamt sollte man für den Ausflug von Landeck bis zur Bielerhöhe einen Tag rechnen. (Karte S. 62/63.)

Von *Landeck* (s. S. 74) kommend, betritt man das Paznaun bei Pians, wo die Trisanna aus der engen Schlucht herauskommt, die sie sich zwischen den Ausläufern der Verwall- und der Samnaungruppe graben mußte und die früher das Tal so schwer zugänglich machte. Hier geht es unter der mächtigen *Trisannabrücke* hindurch, die bereits 1884 erbaut wurde und das Tal in 86 m Höhe überspannt. Hinter See sollte man unbedingt einen Blick nach rechts hinauf werfen, dort steht das vermutlich meistfotografierte Gebäude des Tals, *Haus Unterwald*. Das geschindelte Walmdach und der holzverkleidete Giebel gehören zu den typischen Bauformen der Gegend. Zum Schmunzeln reizt der kleine „Balkon“, von dem ein Fallrohr hinunter zum Misthaufen führt – das Plumpsklo.

Kappl (2500 Einw.), 20 km. Der Hauptort des Unteren Paznaun liegt etwas oberhalb der Talsohle. Auf seinem schönen *Friedhof* stehen ausschließlich schmiedeeiserne Grabkreuze. Eindrucksvoll ist auch die *Kerkerkapelle,* in der Christus am Schandpfahl dargestellt ist, bewacht von lebensgroßen holzgeschnitzten Figuren. Obwohl sie, wie im Neuen Testament beschrieben, römische Uniformen tragen, nennt man sie die „Kappler Juden“ – so halten sich im Volksmund gelegentlich antisemitische Vorurteile.

Ischgl (1300 Einw.), 29 km, hat sich von einem abgelegenen Gebirgsdorf zu einem lebhaften Wintersportzentrum entwickelt. Nach und nach verschwinden die ursprünglichen steinernen Bauernhäuser zwischen den standardisierten Hotel- und Gaststättenbauten. Wahrscheinlich würde Ernest Hemingway, der in den 20er Jahren zum Skifahren hierher kam, den Ort nicht wiedererkennen.

ⓘ Tourismusverband, 6561 Ischgl, ☎ (0 54 44) 52 66, Fax 56 36.

Ⓗ **Goldener Adler,** Ischgl Nr. 6, ☎ (0 54 44) 52 17, Fax 55 71. Traditionsreicher Gasthof mit moderner Ausstattung. ($))

Gasthof Alt-Paznaun, Ischgl Nr. 12, ☎ (0 54 44) 53 80, Fax 53 80-20. Im Stil des Tals. ($)

Galtür (700 Einw.), 39 km, bildet den Abschluß des Tals. Die alte Walsersiedlung wurde bereits im 12. Jh. erwähnt. Als einer der höchsten Orte Tirols liegt es bereits oberhalb der Baumgrenze. Hier beginnt die *Silvretta-Hochalpenstraße*, eine mautpflichtige Paßstrecke mit herrlichem Blick auf die Bergwelt der Silvretta. Die Alternative zum Arlbergtunnel erreicht beim Silvretta-Stausee die *Bielerhöhe* (2032 m; 48 km), die Tirol von Vorarlberg trennt.

Route 12

In die mondäne Welt: das Stanzertal

Landeck – Grins – Pettneu – St. Anton – St. Christoph (35 km)

In einer Tagestour geht es von Landeck (s. S. 74) durch das Stanzertal hinauf zum Arlberg, der Grenze zum Bundesland Vorarlberg. Längst vorbei sind die Zeiten, als die Paßhöhe das Leben von Kaufleuten und Händlern einforderte, die sich im Winter in die unwirtliche Landschaft wagten. Heute nutzen Durchreisende den Eisenbahntunnel, der bereits 1884 angelegt wurde, oder sausen mit ihren Autos unter dem Arlberg hindurch. Vereinsamt sind die Paßbewohner trotzdem nicht, und verarmt schon gleich gar nicht. Denn seit Erfindung des modernen Skisports und des Einkehrschwungs hat sich St. Anton zu einem der exklusivsten Wintersportorte der Welt gemausert. (Karte S. 62/63.)

Grins (1147 Einw.), 5 km, lohnt einen kurzen Aufenthalt vor allem wegen der sogenannten *„Römerbrücke"*. Das spätgotische Bauwerk verbindet die zwei Ortsteile miteinander. Der Spitzbogen zwischen beiden Pfeilern wurde 1639 durch ein hölzernes Gewölbegerüst stabilisiert. Weniger gut hat der Ort die Zeiten überstanden, denn 1945 brannte er vollständig ab. Nur die Kirche, ein stattlicher Barockbau, blieb verschont. Gut, daß die Dorfbewohner der Tradition treu blieben: Die teilweise bunt bemalten Steinhäuser mit schönen Treppenaufgängen und Erkern wurden originalgetreu wiederaufgebaut.

Pettneu am Arlberg (1300 Einw.), 22 km, ist ein hübsches, noch bäuerlich geprägtes Dörfchen am rechten Talhang. Der Hohe Riffler, der jenseits der

Amüsantes Detail am Haus Unterwald im Paznauntal.

Der malerische Friedhof von Kappl.

Steinalt, aber nicht römisch: die „Römerbrücke" in Grins.

Rosanna aufsteigt, verleiht dem Ort seine markante Kulisse. Auf der Suche nach Arbeit zogen im 18. Jh. viele Pettneuer als Maurer, Zimmerleute oder Steinmetze in die Fremde und kamen dabei bis nach Norddeutschland und Holland. Ein Weitgereister kehrte nach vielen Abenteuern zurück und stiftete zum Dank 1804 das *Kalvarienkirchlein*.

Eine steile, aber vielversprechende Wanderung führt von den obersten Häusern von Pettneu in ca. drei Stunden hinauf zum Kaiserjochhaus. Von hier aus hat man einen herrlichen Blick auf den Riffler gegenüber, ins jenseits gelegene Kaisertal und ins Lechtal.

St. Anton am Arlberg (2300 Einw.), 28 km, nimmt in der Reihe der mondänen Skizentren der Welt einen der vorderen Plätze ein. Der Ort ist aber auch ein Paradebeispiel dafür, wie einschneidend sich durch den Alpintourismus das Leben in den Bergdörfern gewandelt hat. Zwar führte über den Arlberg stets eine wichtige und vielbefahrene Handelsstraße. In den langen und schneereichen Wintern aber waren die Talbewohner nahezu ohne Verdienstmöglichkeit, auch wenn sie sich bemühten, die Straße so lange wie möglich offen zu halten. Mit dem Bau der Eisenbahn Ende des 19. Jhs. mußten sie sogar um ihre Arbeit als Fuhrleute fürchten. Doch was die Bahn ihnen an Fracht nahm, das brachte sie an wohlhabenden Skifahrern herbei, die dafür sorgten, daß der Arlberg zum Inbegriff des weißen Sports wurde. Schon 1904 fand hier das erste Abfahrtsrennen statt. Bald kam der Wirt des Hotels „Post" auf die Idee, einen jungen Mann namens Hannes Schneider zu engagieren, der seine Gäste in die neuartige Technik einweisen sollte. Die Idee schlug ein: 1922 gründete Schneider die erste Skischule der Welt. Im * *Ski- und Heimatmuseum* im Arlberg-Kandahar-Haus kann man die Ereignisse aufs gründlichste nachvollziehen (🕓 im Sommer tgl. 10–18 Uhr, im Winter So–Fr 15–19 Uhr). Wie sich der weiße Sport weiterentwickelt hat, verrät das winterliche Treiben auf den weiten Schneehängen von Kapall, Galzig und Valluga und nicht minder die Après-Ski-Szene in den Restaurants, Bars und Diskotheken St. Antons.

Im Sommer verliert der Ort allerdings viel von seinem mondänen Flair. Dann unternimmt man am besten eine Wanderung durch die kühle *Rosannaschlucht* und besucht die romantisch gelegene *Stiegeneckkapelle* (ca. 2 Std.). Auch für ein wenig Kultur ist dann Zeit: Mit dem Aufstieg St. Antons wuchs auch die Notwendigkeit, die *Pfarrkirche Maria Hilf* (Ende 12. Jh.) zu erweitern. 1932 ließ Clemens Holzmeister, der berühmteste moderne Tiroler Baumeister, an den barocken Chor mit seinem schönen Gewölbe einen in seinem Charakter vollkommen andersartigen, viereckigen Bau mit flacher Balkendecke anfügen, was der ganzen Kirche ein sonderbar unentschiedenes Aussehen gibt.

ℹ Verkehrsamt, 6580 St. Anton,
☎ (0 54 46) 2 26 90, FAX 25 32.
🚆, 🚌

🏨 **Schwarzer Adler,** St. Anton 42,
☎ (0 54 46) 2 24 40, FAX 22 44 62.
Traditionsreiches Haus mit schöner Fassadenmalerei, mondänes Flair, mondäne Preise. $$$
Hotel Gletscherblick, St. Jakob 107,
☎ (0 54 46) 32 85, FAX 3 26 08. Im eher beschaulichen Nachbarort. $$
Pension Nassereinerhof, St. Anton 12,
☎ (0 54 46) 33 66, FAX 31 64. $
Ⓡ **Gasthof Reselehof,** St. Anton 9,
☎ (0 54 46) 36 00, FAX 36 00-20. Seit 1663 bewirtet man hier die Gäste in den alten Gewölben mit der originalen Rauchkuchl; gehaltvolle Tiroler Spezialitäten, 30 Schnäpse. $$

Direkt auf der Paßhöhe liegt

St. Christoph am Arlberg (1793 m, 38 Einw.), 35 km, eine Ansammlung von Nobelhotels um eine kleine Kirche.

Im Ski- und Heimatmuseum von St. Anton am Arlberg.

Route 13

Lüftlmalerei am wilden Lech: Lechtal und Tannheimer Tal

Hindelang (– *Bschlaber Tal) – Elbigenalp – *Holzgau – Warth (86 km)

13

Der nordwestliche Teil Tirols, das Außerfern, ist vom Rest des Landes durch die hohe Mauer der Lechtaler Alpen fast völlig abgetrennt, das schroffe Kalksteinmassiv ermöglicht kaum Übergänge ins Inntal. Besser zugänglich sind die Allgäuer Alpen, die das Lechtal gegen Nordwesten begrenzen, und so wurden Tannheimer und Lechtal auch einst vom Allgäu her besiedelt. Bis heute hört man das: Die Sprache der Einheimischen hat einen alemannischen Einschlag. Die Fahrt durch die beiden Täler führt in eine der ursprünglichsten Flußlandschaften Europas, denn der Lech ist als einer von wenigen Alpenflüssen noch unreguliert. Wenn man nur einen Tagesausflug plant, sollte man sich im Tannheimer Tal für einen Spaziergang um einen der Seen Zeit nehmen, im Lechtal ist vor allem eine Besichtigung der „Lüftlmalerorte" Elbigenalp und Holzgau zu empfehlen. **(Karte S. 62/63.)**

In Serpentinen fährt man von *Hindelang* hinauf aufs *Oberjoch* (1178 m), wo das *Tannheimer Tal* beginnt, das knapp 300 m höher liegt als sein südlicher Nachbar. Fast vollkommen eben zieht es sich über 20 km hin, bis man über den Gaicht-Paß die 300 m hinunter ins Lechtal fährt. Wer gut zu Fuß ist, kann sich dem 40 km langen „Tannheimer Rundwanderweg" anvertrauen, der von Schattwald bis Nesselwängle an beiden Seiten des Tals entlangführt.

Tannheim (800 Einw.), 17 km, ist der Hauptort der Region. Das wollten die Tannheimer auch gebührend herausstreichen: Als sie 1725 ihre Kirche erbauten, nahmen sie sich nichts geringeres als den Innsbrucker Dom zum Vorbild; am Ende hatten sie die größte Dorfkirche Tirols hingestellt. Wer heute hier ebenfalls hoch hinaus will, wendet sich am besten an das Drachenflugzentrum, das einen guten Ruf genießt. In einem kleinen Seitental, das zum Naturschutzgebiet der Allgäuer Alpen gehört, liegt der klare, von markanten Felsgipfeln umstandene *Vilsalpsee* (Uferwanderung ca. 90 Min.).

🛈 Verkehrsverein, 6675 Tannheim, ☎ (0 56 75) 62 20, FAX 66 49.
Ⓗ **Hotel Zum Ritter,** Unterhöfen 19, ☎ (0 56 75) 62 18, FAX 62 19-39. Einst Taverne der Augsburger Bischöfe. ($)
Hotel Goldenes Kreuz, Tannheim 8, ☎ (0 56 75) 62 05, 61 48, 65 81, FAX 61 84-20. Gemütliches Gasthaus. ($)
Ⓡ **Restaurant-Pension-Café Enzian,** Unterhöfen 97, ☎ (0 56 75) 65 27. Tiroler Küche auf leichte Art. ($)
Tip: **Drachenflugzentrum** Paragleit- und Drachenflugschule Johann Eller, Tannheim 100, ☎ (06 64) 3 38 21 41.

Bei *Weißenbach* trifft man auf den Lech, dem man nun talaufwärts folgt. Die landschaftliche Schönheit des urtümlichen Flußlaufs und der breiten Uferauen darf nicht darüber hinwegtäuschen, daß dies eine arme, karge und rauhe Gegend ist. Die Böden sind feucht, das Klima ungünstig, und die Höfe waren stets zu klein für die vielköpfigen Familien, so daß der Großteil der Lechtaler zur auswärtigen Saisonarbeit oder gar zum Auswandern gezwungen war. Heute sind fast alle Bauern im Lechtal Nebenerwerbsbauern, denn die Arbeit in der Landwirtschaft ist trotz des technischen Fortschritts in der Gegenwart kaum weniger mühsam als in früheren Jahrhunderten. Doch seit nur noch weniger als die Hälfte der früheren Almen und Bergmähder (Bergwiesen) bewirtschaftet werden, wächst die Gefahr von Vermurungen und Bergrutschen.

Abstecher ins * Bschlaber Tal

Das 1903 m hohe Hahntennjoch am Ende des Tals stellt neben dem Fernpaß die einzige Verbindung des Außerferns zum Inntal her. Tiefe Abgründe und enge Schluchten charakterisieren den Grund. Die Besiedlung der rauhen Bergwelt ist spärlich, der Weiler *Pfafflar,* in dem die ältesten Holzhäuser Tirols stehen, ist seit langem sogar nur noch im Sommer bewohnt. Dann mähen die Bauern das gehaltvolle Bergheu auf den hochgelegenen Bergwiesen, wobei sie sich auf den steilen Hängen anseilen müssen, um nicht abzustürzen. Doch auch diese Mähder werden bald nicht mehr bewirtschaftet werden, weil kaum jemand die mühsame Arbeit auf sich nehmen will. Die serpentinenreiche Straße zum Joch wartet mit eindrucksvollen Fern- und Tiefblicken auf, und oben auf der windumtosten Paßhöhe steht man gebannt vor den Wänden von Falschkogel und Steinjöchl, die aus der moorigen Hochfläche aufwachsen.

Elbigenalp (750 Einw.), 60 km, ist der Hauptort und die älteste Siedlung des Lechtals. Die Häuser sind, ähnlich wie in Holzgau, mit Stuck und Malereien herausgeputzt. Schon 1399 wurde die *Nikolauskirche* gegründet, doch aus dieser Zeit blieb nur der spätgotische Taufstein erhalten. Schaurig-schön gibt sich die zweistöckige *Martinskapelle* am Friedhof: Das Untergeschoß diente als Beinhaus, im oberen Stockwerk läßt sich neben vier gotischen Fresken mit Szenen aus dem Leben der hl. Magdalena ein außergewöhnlicher Totentanzzyklus von Anton Falger bewundern (1830). Auf mehr als 20 Gemälden sieht man energische Skelette, die arglose Menschen mit ihren knochigen Händen packen, um sie aus dem Leben zu reißen. Weitere Werke des Künstlers sowie Dokumente zur Dorfgeschichte sind im *Falgermuseum* ausgestellt (🕓 Mo–Fr 9–12, 14–18 Uhr; Sa 9–13 Uhr).

Malerisch von Felsen umgeben: der Vilsalpsee.

Im Tannheimer Tal.

Das Tannheimer Tal hat bei Drachenfliegern und Paraglidern einen guten Ruf.

Elbigenalp im Lechtal, ein Künstlerdorf.

13

Nicht nur die „Geierwally" – drei Künstlerbiographien

Künstlerisch begabt waren die Leute aus Elbigenalp schon immer, das sieht man an ihren bemalten und stuckverzierten Häusern. Aber daß gleich drei von ihnen als Maler zu ihrer Zeit hohes Ansehen genossen, das ist für so ein kleines Dorf schon ungewöhnlich. Am weitesten reichte der Ruf von *Joseph Anton Koch* (1768–1839) aus dem benachbarten Weiler Obergiblen. Mit 24 Jahren zog er nach Italien und schloß sich dort dem Künstlerkreis der „Deutsch-Römer" an. Die Gruppe wollte Mittelalter und Antike in romantischer Weltsicht wiedererstehen lassen. Ihre „heroischen Landschaften", malerische Hügel mit verfallenen Ruinen, schroffen Felsen und Wasserfällen, wurden bald so bekannt, daß sie auf Jahrzehnte das Bild der Deutschen von Italien prägten. Koch nahm immer wieder Ansichten von Tirols stolzer Bergwelt in seine Gemälde auf.

Ebenfalls zu hohem Ansehen brachte es *Anton Falger* (1791–1876). Der Lithograph, Graveur und Maler lernte in Weimar Goethe kennen. Als wohlhabender Mann kehrte er in sein Heimatdorf zurück und gründete dort eine Mal- und Zeichenschule, in der er selbst jahrelang kostenlos unterrichtete. Die Ausbildung ermöglichte es vielen in der sonst so armen Region, ihren Unterhalt zu verdienen – als „Vater des Lechtals" wird Falger daher hoch vereehrt. Seine Lehranstalt wurde später in eine Schnitzschule umgewandelt, die Elbigenalp, in Anspielung auf das berühmte Holzschnitzerdorf in Südtirol, den Beinamen „Gröden des Lechtals" einbrachte.

Eine der begabtesten Schülerinnen Falgers war *Anna Steiner-Knittel* (1841 bis 1915), eine Nichte von Joseph Anton Koch. Eigensinnig und unternehmungslustig faßte sie schon früh einen für Mädchen damals ganz unerhörten Entschluß: Sie wollte Malerin werden. So zog sie mit 18 Jahren zum Studium der Malerei nach München, mußte aber nach drei Jahren aufgeben, weil sie trotz größter Sparsamkeit – sie aß selbst die Brotkrumen, die eigentlich zum Radieren gedacht waren – kein Geld mehr hatte.

In die Heimat zurückgekehrt, ließ sie sich als selbständige Malerin nieder, nachdem sie gegen den Willen ihrer Eltern einen armen, aber „schianen" Mann geheiratet hatte. Bald war sie eine erfolgreiche Blumen- und Genremalerin. Ihr bekanntestes Bild hält ein Abenteuer fest, das sie selbst in ihrer Jugend erlebte: Als junges Mädchen hatte sie sich über eine Felswand abgeseilt, um ein Adlernest auszunehmen. Solche riskanten Unternehmungen galten nicht nur um ihrer selbst willen als Heldentaten, sondern erregten vor allem deshalb Ehrfurcht, weil die Bauern von den Raubvögeln viel Schaden fürchteten. Wie die Künstlerin später erzählte, hielt zwar der Bruder das Seil und der Vater die Büchse im Anschlag für den Fall, daß die Adlermutter zur Unzeit zurückkäme, aber zum Nest hinunter hatte sich außer ihr keiner getraut. Das Gemälde, das die Szene festhält, regte später die Gartenlauben-Autorin Wilhelmine von Hillern zu einem höchst erfolgreichen und oft dramatisierten Roman an: „Die Geierwally".

ⓘ Verkehrsverein, 6652 Elbigenalp, ☎ (0 56 34) 62 70, FAX 68 18.

Ⓗ **Hotel Alpenrose,** Elbigenalp 21, ☎ (0 56 34) 62 19, FAX 66 52-87. Komfortabelstes Haus am Platz. $$

Gasthof Stern, Elbigenalp 7, ☎ (0 56 34) 62 02, FAX 6 20 29. Mit Fahrrad- und Skiverleih. $$

Ⓡ **Geigers Fischerstube,** Ortsteil Untere Grünau 9, ☎ (0 56 34) 66 87. Frisch geräucherter Fisch, im kleinen Garten zu genießen. $

Gasthof Goldenes Lamm, Oberbach 14, 6653 Bach, ☎ (0 56 78) 52 16. Ambitionierte Küche mit traditionellen Wurzeln. $$

***Holzgau** (400 Einw.), 68 km, ist gewiß das farbenprächtigste Dorf des Lechtals. Kunstvolle Fresken schmücken die stattlichen Häuser um den Marktplatz. Die Wandgemälde fügen den Fassaden scheinbar marmorne Säulen und Fensterumrandungen an und lassen Madonnen und Heilige heruntergrüßen. Woher kommt dieser wenig bäuerliche Gestaltungswille? Die Voraussetzung dafür war ein großer natürlicher Kalk- und Gipsreichtum in der Umgebung, der ein blühendes Maurer- und Stuckiererhandwerk begünstigte. Vor allem im Ausland, wohin die Holzgauer zur Saisonarbeit wandern mußten, war ihre Handwerkskunst sehr begehrt, und viele konnten sich mit den Jahren einen recht angenehmen Wohlstand erarbeiten, den sie nach ihrer Rückkehr in die Heimat auch zur Schau stellen wollten. Leider sind einige dieser Häuser heute nur noch Potemkinsche Dörfer: Sie wurden von ihren Besitzern, die sich daneben modernere, bequemere Häuser bauten, verlassen und fangen nun an zu verkommen oder gar zu verfallen.

Steeg (660 Einw.), 73 km, ist die letzte Tiroler Gemeinde des Lechtals. Hier mündet das schneereiche *Kaisertal* mit dem Hauptort Kaisers ein, ein beliebtes Skigebiet. Ein kleiner Handelsweg führte von hier aus einst über das Kaiserjoch nach Pettneu im Stanzertal, heute ermöglicht er eine schöne Bergwanderung (2 Std. zum Kaiserjochhaus). – Westlich von Steeg schließt sich das Tal immer weiter bis zur Lechschlucht. Diese Gegend nannte man einst „Bettelmanns Umkehr“, weil die Bauern hier so arm waren, daß es nicht einmal zum kleinsten Almosen reichte.

Warth (200 Einw.), 86 km, auf einer grasbewachsenen Hochfläche unterhalb des Hochtannbergpasses gelegen, gehört schon zu Vorarlberg. Hier siedelten sich im 13. und 14. Jh. Walser, Bergbauern aus dem Wallis, an und machten die kargen Böden urbar. Einige der typischen Walserhäuser, aus Stein gebaut und mit einem Walmdach versehen, kann man noch sehen.

Anton Falger, „Vater des Lechtals“.

Totentanzszenen in der Martinskapelle von Elbigenalp.

Zur Ehre Gottes: Fresko am Marktplatz von Holzgau.

Praktische Hinweise von A–Z

Ärztliche Versorgung

Die medizinische Versorgung ist in Österreich grundsätzlich gut. Allerdings behandeln nicht alle Ärzte und Krankenhäuser auf Auslandskrankenschein. Wer in einer gesetzlichen Krankenkasse versichert ist, sollte sich deshalb vor der Reise bei seiner Krankenkasse nebst dem Auslandskrankenschein auch ein Merkheft mit den Adressen der Kassenärzte besorgen. Noch einfacher: Man schließt vor der Reise eine meist recht preisgünstige Reisekrankenversicherung ab, um völlig unabhängig und unbürokratisch Arzt und Krankenhaus auswählen zu können.

Ärztlicher Bereitschaftsdienst (nur Sa, So und Fei): ☏ (05 12) 36 00 06.

Bedienungs- und Trinkgelder

Auch wenn in der Rechnung bereits ein Bedienungszuschlag enthalten ist, erwarten Kellner ein Trinkgeld. Bei gutem Service sind 10 % des Rechnungsbetrages nicht zuviel. Ebenso hoch sollte man das Trinkgeld für Taxifahrer und Friseure ansetzen.

Auch Zimmermädchen und Tankwarte hält man mit einem kleinen Obolus bei Laune, wenn die Leistung stimmte.

Behinderte

Beratung und Hilfestellung bei der Tirol-Information in Innsbruck (s. S. 93), die auch eine Broschüre mit Adressen von behindertengerechten Hotels und anderen Einrichtungen bereithält. Eine eigene Broschüre für Behinderte geben die Österreichischen Bundesbahnen (ÖBB) heraus.

Diplomatische Vertretungen

Bundesrepublik Deutschland: Deutsches Generalkonsulat, Adamgasse 5, 6020 Innsbruck, ☏ (05 12) 5 96 65, FAX 5 96 65-85.

Schweiz: Botschaft, Prinz-Eugen-Str. 7, 1030 Wien, ☏ (02 22) 79 50 50, FAX 7 95 05-21.

Einkaufen

Beliebte Souvenirs aus Tirol sind Schnitzereien und Stickereien, Trachten (vor allem im Zillertal und in Innsbruck), Tiroler Speck und hausgebrannte Schnäpse, Glaswaren aus Rattenberg und Kufstein (Riedel-Gläser).

Einreisebestimmungen

Für die Einreise nach Österreich benötigen Reisende aus Deutschland und aus der Schweiz einen gültigen Personalausweis bzw. Reisepaß. Kinder unter 16 Jahren brauchen entweder einen eigenen Ausweis oder müssen im Paß der Eltern eingetragen sein. Auch wenn es (theoretisch) zwischen Deutschland und Österreich keine Grenzkontrollen mehr gibt, sollte man den Ausweis bei sich tragen, vor allem im grenznahen Bereich, wo mit unregelmäßigen Kontrollen gerechnet werden muß.

Feiertage

Gesetzliche Feiertage, an denen Geschäfte, Banken und Postämter geschlossen haben: 1. Januar, 6. Januar (Dreikönigsfest), Ostermontag, 1. Mai (Tag der Arbeit), Christi Himmelfahrt, Pfingstmontag, Fronleichnam, 15. August (Maria Himmelfahrt), 26. Oktober (Nationalfeiertag), 1. November (Allerheiligen), 8. Dezember (Maria Empfängnis), 25. und 26. Dezember.

Geld und Devisen

Die österreichische Währung ist der Schilling (öS), 1 Schilling entspricht 100 Groschen (g). Im Umlauf sind Banknoten zu 5000, 1000, 500, 100, 50 und 20 öS sowie Münzen zu 20, 10, 5 und

1 öS, 50, 10 und 5 g. Der Wechselkurs ist relativ konstant: 1 DM = ca. 7 öS, 100 öS = ca. 14 DM oder ca. 12 sfr. In vielen Hotels, Gaststätten und Geschäften kann man auch ohne großen Kursverlust mit DM bezahlen. Kreditkarten, Eurocheques und Reiseschecks werden bei allen Banken und Postämtern, oft auch in Hotels und Kaufhäusern akzeptiert.

Vom Postsparbuch kann bei jedem Postamt während der üblichen Schalterstunden Geld abgehoben werden. Viele Bankautomaten akzeptieren ausländische Scheckkarten, oft stehen auch Automaten bereit, die ausländisches Bargeld in die Landeswährung wechseln.

Die Ein- und Ausfuhr von österreichischen Banknoten und von Fremdwährung ist in unbeschränkter Höhe erlaubt.

Haustiere

Für Hund und Katze benötigt man einen Nachweis über eine Tollwutimpfung, die mindestens 30 Tage und höchstens ein Jahr alt sein muß.

Informationen

Auskünfte und Prospekte über alle Bundesländer Österreichs erhält man bei folgenden Informationsstellen:

Deutschland: Österreich-Information, Postfach 12 31, 82024 Taufkirchen bei München, ☎ (0 89) 66 67 01 00, FAX 66 67 02 00. Persönliche Urlaubsberatung Mo–Fr 9.30–17.30 Uhr, Prospektbestellung über Tonband Mo–Fr 8–9.30 Uhr, 17.30–20 Uhr.

Schweiz: Österreich-Werbung, Zweierstr. 146, „Wiedikerhof", 8036 Zürich, ☎ (01) 4 51 15 51, FAX 4 51 11 80.

Detaillierte Auskunft erteilt auch die *Tirol-Information,* Bozner Platz 6, 6010 Innsbruck, ☎ (05 12) 72 72, FAX 72 72-7.

Darüber hinaus hat praktisch jeder Ort in Tirol einen Fremdenverkehrsverband oder -verein, der Prospekte, Übersichtskarten und Hotel- und Pensionsverzeichnisse verschickt. Dort kann man auch Informationen über Veranstaltungen und Kulturprogramme erhalten.

Museen

Öffnungszeiten und Eintrittspreise der Museen in Tirol sind unterschiedlich, manche sind nur im Sommer oder gar nur am Wochenende zugänglich. Man erkundige sich deshalb im voraus beim örtlichen Fremdenverkehrsverband. Für die Museen in Hall und Innsbruck gibt es eine gemeinsame Eintrittskarte zum Preis von 150 öS bzw. 90 öS für Schüler, Studenten und Gruppen. Sie berechtigt zum Besuch von elf Museen an drei aufeinanderfolgenden Tagen.

Notruf

Polizei: ☎ 1 33.
Feuerwehr: ☎ 1 22.
Rettungsdienst (Ambulanz, Notarzt): ☎ 1 44.
Pannenhilfe: ARBÖ ☎ 1 23, ÖAMTC ☎ 1 20.
Bergrettung Innsbruck: ☎ (05 12) 58 21 22.

Öffnungszeiten

Geschäfte sind normalerweise Mo–Fr 8–18.30 Uhr geöffnet, Sa 8–12 Uhr. Während der Mittagszeit sind die meisten Läden geschlossen, einige auch am Mittwochnachmittag. In Touristenorten haben einige Supermärkte bis 20, Sa bis 16 Uhr geöffnet.

Die Schalterstunden der *Banken und Sparkassen* sind von Mo–Do 8–15.30, Fr bis 17.30 Uhr, meist mit einer Mittagspause zwischen 13 und 14 Uhr.

Öffnungszeiten der *Postämter:* Mo–Fr 8–12, 14–18 Uhr, größere Postämter auch Sa 8–10 Uhr oder länger.

Museen haben unterschiedliche Öffnungszeiten, der wöchentliche Schließtag ist der Montag. Von November bis zum 1. Mai sind viele Museen, Schlösser und Burgen geschlossen.

Postgebühren

Porto für Postkarten im Inland 5,50 öS, ins Ausland 6 öS, Standardbriefe im Inland 6 öS, ins Ausland 7 öS. Briefmarken erhält man in den Postämtern und in Tabaktrafiken.

Schneebericht

Informationen über die Schneelage in den Tiroler Skigebieten kann man unter den folgenden Telefonnummern erhalten:

„Schneetelefon" (Schneelage in den alpinen Skigebieten): ADAC (München): ☎ (0 89) 76 76-26 87; ÖAMTC: ☎ (02 22) 7 29 97; ARBÖ: ☎ (02 22) 8 53 53 57; allgemeine Übersicht über die Schneelage in Tirol: ☎ (05 12) 15 85 (Postservice).

Schneebericht der Tiroler Fremdenverkehrswerbung: ☎ (05 12) 53 20-1 70 (Mo–Fr 8–12 und 14–17 Uhr); Schneetelefon rund um die Uhr (Band): ☎ (05 12) 2 07 77-1 11; Wetter- und Lawinenbericht: ☎ (05 12) 15 87; persönliche Beratung bei der Tourenplanung: ☎ (05 12) 2 18 39.

Alpine Auskunft Innsbruck (Informationen über Schutzhütten, Witterungsbedingungen und Schneelage, Tourenvorschläge u. ä.): ☎ (05 12) 2 41 07.

Telefon

Telefonieren kann man von Postämtern oder aus Münzfernsprechautomaten. Immer zahlreicher werden Telefonzellen, in denen man mit Telefonkarten telefonieren kann. Telefonkarten erhält man bei den Postämtern. Telefonvorwahl nach *Österreich* (aus Deutschland und der Schweiz): 00 43. Bei der Ortsvorwahl muß danach die erste Null weggelassen werden, bevor man die Teilnehmernummer wählt. Vorwahl für Telefonate von Österreich nach *Deutschland* 00 49, in die *Schweiz* 00 41, danach Ortsvorwahl ohne „0" und Teilnehmernummer.

Vignette

Seit Januar 1997 wird in Österreich eine Autobahngebühr erhoben. Die Gendarmerie kontrolliert zum Beispiel auf Raststätten streng, ob Autobahnbenutzer eine Vignette haben.

Es gibt Vignetten mit einer Gültigkeitsdauer von 1 Jahr, zwei Monaten und 10 Tagen (550, 150, 70 öS). Man erhält sie beim ÖAMTC an größeren Grenzstationen, aber auch zu Hause beim ADAC, TCS und ACS. In Tirol darf die Strecke vom Grenzübergang Kiefersfelden bis zur Ausfahrt Kufstein-Süd (Ausfahrt für die Region Ellmau, St. Johann, Kitzbühel) ohne Vignette befahren werden.

Wetter

Einen zuverlässigen Rundfunkwetterbericht mit Berücksichtigung des Alpinwetters strahlt der ORF auf der Welle „Tirol Regional" (Frequenz 96,4) von Juli bis September täglich um 6.05, 7.30, 12.45 und 18.10 Uhr aus.

Telefon-Tonbanddienst der Post: ☎ (05 12) 15 66 bzw. 15 67, jeweils aktuell um 8, 13 und 18 Uhr.

Wetterdienst Innsbruck: ☎ (05 12) 28 17 38. Alpenverein-Wetterdienst: ☎ (05 12) 29 16 00.

Zollbestimmungen

Für *Deutsche* gibt es seit dem Eintritt Österreichs in die EU im Reiseverkehr im Prinzip keine Mengenbegrenzung mehr.

Für Schweizer gilt bei der Einreise nach Österreich: Zollfrei sind pro Person über 17 Jahre 200 Zigaretten (oder 50 Zigarren oder 250 g Tabak), 2 l alkoholische Getränke unter 22 Vol.- %, 1 l Spirituosen über 22 Vol.- % sowie Geschenke bis zum Gesamtwert von 2500 öS.

Bei der Wiedereinreise in die Schweiz: Zollfrei sind Gegenstände des persönlichen Bedarfs und Tabakwaren wie oben; 2 l alkoholische Getränke unter 15 °, außerdem Geschenke bis zum Gesamtwert von 200 sfr.

Register

Ortsregister

Personen- und Sachregister